LA VEILLÉE DE VÉNUS

PERVIGILIVM VENERIS

COLLECTION DES UNIVERSITÉS DE FRANCE

publiée sous le patronage de l'ASSOCIATION GUILLAUME BUDÉ

LA VEILLÉE DE VÉNUS

PERVIGILIVM VENERIS

TEXTE ÉTABLI ET TRADUIT

PAR

ROBERT SCHILLING

Ancien membre de l'École Française de Rome
Assistant à la Faculté des Lettres de Paris

Troisième tirage

PARIS

LES BELLES LETTRES

2003

Conformément aux statuts de l'Association Guillaume Budé, ce volume a été soumis à l'approbation de la commission technique, qui a chargé M. Jean Bayet d'en faire la révision et d'en surveiller la correction en collaboration avec M. Robert Schilling.

© 2003. Société d'édition Les Belles Lettres
95 boulevard Raspail, 75006 Paris
www.lesbelleslettres.com

Première édition 1961

ISBN : 2-251-01137-4
ISSN : 0184-7155

AVANT-PROPOS

Le poème que nous présentons au lecteur est loin d'être inconnu au monde des lettrés. Depuis sa découverte à la fin du XVIᵉ siècle par Pierre Pithou, il a attiré l'attention des érudits, mérité la faveur des artistes : on trouve sur sa route les noms d'Erasme et de Chateaubriand. Il a même inspiré une composition musicale à T. M. Spelman, il y a quelques années (1). Mais par une fortune singulière, ce texte découvert par un Français, ne comportait pas encore une édition récente sérieuse en France.

Ce n'est pourtant pas pour combler une lacune que nous nous sommes penché sur ce poème ; nous l'avons rencontré tout naturellement dans nos recherches sur la religion romaine de Vénus. Car il n'est pas seulement un joyau de la poésie mineure, mais un document de synthèse religieuse pour la Rome impériale.

La scène du poème se situe dans la plaine de Catane. Aujourd'hui ce nom ne suggère pas précisément une évocation idyllique ; un esprit chagrin pourrait trouver une application amère à la prière des Nymphes à Diane :

« Vt nemus sit incruentum de ferinis stragibus ! »

...peut-être voudrait-il même dénoncer la frivolité inconsciente de notre excursion mythologique. — Cette objection ne vaudrait pas à nos yeux. Le travail est une évasion légitime aux misères du temps présent. Et le sort ne nous a pas ménagé au point de nous faire dédaigner le recours à l'étude libératrice. Nous avouons donc avec une bonne conscience la joie conquise par des heures laborieuses ; si

(1) La composition musicale « *Peruigilium Veneris* » a été présentée deux fois à Paris : le 30 avril 1931 par les concerts Straram, le 20 mars 1932 par les concerts Poulet. C'est une œuvre écrite pour soli, chœurs et orchestre, qui reçut un accueil favorable. Nous devons ce renseignement à l'obligeance de M. GÉRARD-GAILLY.

cette joie pouvait miroiter dans notre étude, telle la rosée matinale du poème, notre récompense serait grande.

Notre pensée se porte dans un élan spontané de gratitude vers les maîtres qui, à des titres divers, nous ont facilité la tâche. M. J. Carcopino, notre ancien maître de Sorbonne, a bien voulu apprécier notre interprétation de la strophe historique du poème. M. A. Ernout nous a fait bénéficier, depuis deux ans, de sa sagacité dans la critique des textes. C'est trop peu dire que M. J. Bayet a été pour nous un guide de tous les instants; quand nous songeons à son action spirituelle depuis les bancs de l'Ecole Normale, nous mesurons la grandeur de notre dette envers ce maître admirable. Qu'on nous permette enfin de songer avec une pieuse tendresse à la province inspiratrice d'énergie, Alsatiae Dilectissimae.

Paris, septembre 1943.

Robert SCHILLING.

INTRODUCTION

Le *Peruigilium Veneris* est d'abord une surprise pour le lecteur : il donne à la fois l'impression du neuf et du déjà vu ; l'inspiration classique voisine avec une étonnante spontanéité.

Quel en est le sujet ?

Le printemps s'ouvre en notes joyeuses : saison des chants, saison des amours, il évoque la naissance du monde, la renaissance de la nature. Reprise d'un thème connu ? Peut-être, mais il y a plus : le ton du prélude nous fait soupçonner d'emblée une authentique originalité. Vivement le poète aborde son propre message : il va chanter la puissance de Vénus. Il rappelle, d'abord, la merveilleuse naissance de la déesse, portée par la vague marine. Puis il tisse une sorte de tapisserie décorative avec les nouvelles fleurs, emperlées de rosée : parmi toutes, se détache, dans sa robe rouge, la rose, fille préférée de Vénus. Et voici que se forme sous nos yeux un cortège : ce sont les Nymphes qu'accompagne l'Amour-Enfant. Elles se préparent à la cérémonie du jour ; elles viennent prendre possession du taillis occupé par Diane. « C'est aujourd'hui la fête de Vénus : éloigne-toi, Vierge de Délos ! »

La vision des assises imminentes de la déesse, dans la plaine de l'Etna, s'esquisse devant nos yeux : Vénus va siéger sur son trône parmi les Grâces et les Nymphes.

Alors, le poète élève un chant de gloire en l'honneur de la déesse, à mesure que ce tableau vivant s'estompe dans notre imagination. C'est elle, la puissance cosmique de la procréation. C'est elle, la Mère des Romains et des Césars. C'est elle, le principe de la fécondité des champs. C'est elle, la souveraine des oiseaux et des animaux. Et le poème s'achève, si nous voulons négliger, pour le moment, le vœu nostalgique de l'épilogue.

On voudrait rester sur cette impression première, toute de fraîcheur. A quoi bon *expliquer* la délicatesse de la peinture, l'accent passionné du lyrisme ? Et pourtant les questions jaillissent d'elles-mêmes. D'où vient ce poème ? De qui est-il ? Que signifie-t-il ? Il n'est pas possible de leur donner une réponse immédiate. Elles déconcertent les manuels de littérature qui accordent, du moins, une place privilégiée au *Peruigilium Veneris* dans « la décadence de la poésie impériale ».

Ce traitement de faveur n'est pas immérité. Encore faut-il résoudre les questions précédentes pour éclairer le poème. — Plus peut-être qu'un autre texte, le *Peruigilium* comporte, pour la tradition manuscrite, une *histoire* intéressante par ses diverses péripéties. Mais cette tradition fait le silence sur les *origines* du poème ; on est conduit à se demander s'il n'est pas possible de les éclaircir d'une manière indirecte. Il n'est pas moins indispensable de préciser la *signification* du poème. Voltaire écrivait, à propos du *Peruigilium*, à l'article *oraison* de son Dictionnaire philosophique : « Il se peut que cette hymne à Vénus ait été chantée dans les fêtes de la déesse. » Cette indication dubitative est devenue bientôt affirmation dogmatique : le *Peruigilium* est considéré dans plusieurs manuels comme un hymne destiné à une solennité religieuse, à l'instar du *Chant Séculaire* d'Horace. Il s'agit peut-être là d'une illusion : raison de plus pour approfondir les intentions du poète.

L'érudition est donc loin d'être un hors-d'œuvre pour un texte qui suscite de nombreux problèmes. Mais elle doit rester, à notre sens, strictement au service du poème. Ce serait une erreur que d'écraser une œuvre d'art sous la masse pesante de l'appareil scientifique. Cette conviction nous a poussé à insister sur tout ce qui peut apporter plus de lumière au texte, à négliger tout ce qui est technique inutile. De même que la traduction doit servir de tremplin, pour relancer le lecteur dans la cadence légère des vers latins, de même l'étude exégétique doit contribuer à le faire méditer sur un poème riche en suggestions.

I

HISTOIRE DU TEXTE

Pourquoi un poème long de 93 vers a-t-il suscité depuis sa découverte, au XVIᵉ siècle, une si grande floraison d'articles et de publications ? Une des dernières éditions contient une vaste bibliographie qui ne relève pas moins de 318 travaux (1) ! Ce zèle ne semble pas devoir se ralentir. S'il s'explique par le charme du poème, il a des raisons plus positives : la transmission défectueuse du texte qui n'a cessé de solliciter la sagacité des érudits ; il faut ajouter la découverte de deux nouveaux manuscrits s'ajoutant au *codex Thuaneus* (T), où Pierre Pithou découvrit le *Peruigilium Veneris* en 1577 : le *codex Salmasianus* (S) où Claude de Saumaise retrouva le poème en 1619, enfin le *codex Vindobonensis* (V) signalé en 1871 par Karl Schenkl, mais utilisé seulement en 1936 par Clementi. Ce sont là les étapes principales dans l'histoire de notre poème.

A vrai dire, Pierre Pithou, son premier éditeur, n'a pas été le premier à mentionner son existence. En 1507, Erasme séjournait à Venise : il était l'hôte de la famille de l'imprimeur Alde Manuce et il veillait à la nouvelle édition de ses *Adagia* imprimés sur les presses aldines. Dans cette seconde édition, il cite à propos du proverbe *Amyclas perdidit silentium*, à titre de référence, un vers « d'une poésie intitulée *le Printemps* attribuée à Catulle » (2). Par cette déclaration, il dressait l'acte de naissance officiel de notre poème. Ce témoignage devait,

---

(1) *Peruigilium Veneris : The Vigil of Venus... by* Sir Cecil CLE-MENTI, *Oxford*, 1936, p. 91-164.
(2) Erasmi Roterodami *Adagiorum Chiliades tres ac Centuriae fere totidem (folio 94, chilias* I, 820) : « Meminit de Amyclarum silentio Silius Italicus : *quasque euertere silentia Amyclae.* Meminit et Catullus nisi fallit inscriptio carminis DE VERE, quod nuper Aldus Manutius meus exhibuit, in antiquissima quadam Galliae bibliotheca repertum : *Sic Amyclas, dum tacebant, perdidit silentium.* »

quelques années plus tard, en 1545, être confirmé à peu
près dans les mêmes termes par Giglio Gregorio Gyraldi
de Ferrare (1). Mais quel était le manuscrit invoqué par
Erasme ? Il provenait « d'une ancienne bibliothèque de
France ». Désignation vague : en tout cas, il diffère, d'après
les indications transmises, de nos trois manuscrits connus.
D'abord, la citation d'Erasme porte *dum tacebant* à la
place de *cum tacerent* fourni par le vers 92 du poème.
Cette variante isolée pourrait, il est vrai, s'expliquer par
un défaut de mémoire. Il y a plus, la pièce montrée par
Alde à Erasme est intitulée « le Printemps » : *carmen de*
VERE, dit Erasme ; *poema quod* VER *inscribitur* reprend,
à son tour, Gyraldi. Or, le titre du poème, dans nos trois
manuscrits (il est placé en tête dans S et V, en queue
dans T) est la « Veillée de Vénus », *Peruigilium Veneris*.
Enfin, Erasme, d'accord avec Gyraldi, signale l'attribution du poème à Catulle, sur la foi du même manuscrit.
L'authenticité de cette mention paraît d'autant plus
établie qu'elle semble avoir surpris le savant humaniste
et éveillé ses doutes : *meminit et Catullus* nisi fallit ins-
criptio... En tout état de cause, le manuscrit de Venise,
de provenance française, n'a qu'une existence fugitive
dans notre histoire ; il n'émerge à l'aube du xvie siècle
que pour conférer un état civil au poème. C'est une perte
d'autant plus regrettable que ce manuscrit semble
remonter à une tradition différente de nos manuscrits
actuels.

Il faut rapporter à la même date la transcription
d'un autre manuscrit français contenant le *Peruigilium
Veneris*. Au début du siècle, Jacopo Sannazaro, un
poète italien attaché à la personne de Frédéric II d'Ara-
gon, roi de Naples, avait accompagné son maître exilé,
en France : il devait y résider de 1501 à 1504. A son départ,
il emporta en Italie plusieurs poèmes copiés sur un
manuscrit français, parmi lesquels figure le *Peruigilium
Veneris*. Cette transcription de la main propre de Sannazaro est comprise aujourd'hui dans le manuscrit de
Vienne (V) où elle couvre 16 folios, de 28 à 43. Destinée
singulière : ce manuscrit semble ignoré jusqu'en 1871 ;

_____

(1) *Historiae poetarum tam Graecorum quam Latinorum Dialogi
decem...* Lilio Gregorio Gyraldo Ferrariensi auctore. *Livre X*, p. 1089 :
« Aldum Manutium memini dicere se Catulli poema habere quod *Ver*
inscribitur. Idem et Erasmus fatetur : necdum tamen mihi uidere
contigit. »

à cette date, un article de Karl Schenkl (1) attira l'attention sur le *codex* 9401 de la Hofbibliothek de Vienne. Il a été collationné pour la première fois aux fins d'une édition par Clementi en 1936. Ici encore, un mystère plàne sur l'origine : Quel a été le manuscrit de France qui a servi de modèle à Sannazaro ? Nous ne pouvons donner qu'une conclusion négative : une confrontation minutieuse de V avec S et T a permis à Clementi de conclure qu'il n'est la transcription ni de l'un ni de l'autre. J'ajoute qu'il est même téméraire de se prononcer sur la qualité de son modèle : la version de Vienne écrite de la main de Sannazaro ne permet plus de faire la part de l'original et des corrections éventuelles de cet humaniste.

La véritable histoire du poème commence en 1577, date de la découverte du *Peruigilium Veneris* dans le *codex Thuaneus* (T) par Pierre Pithou. L'auteur publia, la même année, l'*editio princeps* (2), qui ne fut tirée d'ailleurs qu'à trois ou quatre exemplaires ; elle comprenait le *Peruigilium* fidèlement transcrit du *codex Thuaneus* ainsi que des vers de l'Anthologie latine, attribués depuis à Florus, sous la rubrique *Floridi de qualitate uitae*. C'était la première fois que le *Peruigilium Veneris* était publié sous ce titre ; la première fois qu'il devenait accessible au monde lettré. Pithou envoya des exemplaires du texte à ses amis humanistes, à Janus Dousa, à Juste Lipse, à Joseph Scaliger. Sollicitude touchante pour le poème : dans sa dédicace (3), P. Pithou confie l'œuvre mutilée aux soins du lecteur, à la manière des anciens qui, disait-il, abandonnaient les malades désespérés à la charité des passants. La seule version du *Thuaneus* donnait en effet un texte bien fautif. A l'appel de Pierre

(1) In *Zeitschrift für die oesterreichischen Gymnasien* (*vol. XX*, p. 127-128). L'article parut à propos de l'édition *de reditu suo* de Namatianus par L. MUELLER (1870).

(2) Cette *editio princeps* figure, à la Bibliothèque Nationale, dans le volume 395 (*folio* 68-69) de la collection Dupuy, avec les notes de Scaliger. Cf. H. OMONT in *Revue de Philologie* (1885), IX, p. 124-6 : conjectures de Joseph Scaliger.

(3) PP. lectori. — « Quod ueteribus cum desperatos ante ianuas collocarent, ut uel extremum spiritum redderent terrae, uel possent a transeuntibus forte curari, idem mihi consilium fuit in deponendis huius poematis, sane antiqui, siue id Catulli sit, siue alterius, reliquiis ; quarum ego salutem commendatam cupio uel Medicorum pueris, dum qua fide a nobis exhibentur de uetustissimo, sed unico exemplari, eadem, ut par est, ab omnibus tractentur. Kl. Ian. MDLXXVIII ».

Pithou, médecins de s'empresser au chevet du malade, d'administrer leurs conjectures parfois à « forte dose ». Si, par la suite, de mauvais « médecins » ont manifesté à l'égard du poème un zèle intempestif, d'autres eurent la main heureuse, dès la première heure. Signalons les conjectures de l'érudit portugais Achilles Statius (1) : à la place de l'inintelligible *tuno quiuore* de la ligne 9 de T, il rétablit la bonne lecture *tunc cruore*, qui devait être confirmée, plus tard, par le *codex Salmasianus ;* à la ligne 22, il proposa la leçon *ipsa iussit mane ut udae* au lieu de *ip iussit mane tuae* — conjectures que Janus Dousa a faites, de son côté, vers le même temps. Par ailleurs, Juste Lipse faisait paraître, dès 1580, à Anvers, une édition à tirage plus important, en attendant que Pierre Pithou publiât en 1587 à Paris, en appendice au *Satiricon* de Pétrone, une édition commerciale du *Peruigilium*. — Plusieurs éditions virent le jour par la suite : en 1588, à Leyde, de Janus Dousa fils ; en 1592, à Prague, de J. Schuman ; en 1608, à Paris, de Jean Passerat ; en 1613, de J. Weitzius, à Francfort, etc...

En 1619, Claude de Saumaise marquait une autre étape par la découverte du *codex Salmasianus*. Le nouveau manuscrit, plus ancien que le *Thuaneus*, allait permettre un grand progrès dans l'établissement du texte. En 1639, parut l'importante édition de Petrus Scriuerius *Peruigilii Veneris noua editio auctior et emendatior*, adjointe à la publication des *Dominici Baudii Amores*. Elle contenait, outre la transcription du poème d'après le *codex Salmasianus*, les notes des principaux érudits parues à cette date : P. Pithou, J. Weitzius, Claude de Saumaise, P. Scriuerius.

A partir de ce moment, les éditions se succèdent dans les divers pays. Il faut croire que les premières fées, présentes au berceau du poème, lui ont valu une heureuse chance ; depuis les noms illustres d'A. Manuce et d'Erasme, la tradition humaniste ne s'est jamais désintéressée de son sort. Son histoire continuera d'être enrichie de loin en loin, par la contribution heureuse d'un érudit. Le xviiie siècle français s'est signalé par une ardeur particulière. Le nombre des traductions en prose et en vers s'élève. En 1701, le refrain du *Peruigilium* entre dans le

---

(1) A. Statius avait reçu, dès 1578, une transcription du *Peruigilium* faite sur l'édition de Pithou par les soins de Giovanni Vincenzo PINELLI.

livret composé pour le ballet d'Aréthuse (1), sous la forme suivante :

> Que le cœur qui n'a point aimé,
> Aujourd'hui, s'enflamme et soupire !
> Que le cœur qui s'est enflammé,
> Suive encore l'amoureux Empire !

Les Pères jésuites lettrés ne sont pas les derniers à s'enthousiasmer. Le R. P. Oudin échange, en 1713, des « Remarques sur le *Peruigilium Veneris* » avec le président Bouhier. Le R. P. Sanadon publie, en 1728, la « traduction d'une ancienne himne sur les Fêtes de Vénus avec des remarques critiques sur la même pièce », édition qui devait être renouvelée en 1756. Je ne parle pas des multiples adaptations des Saint-Lambert, des Berny, des Parny, qui n'intéressent pas directement l'histoire du poème.

J'ajoute toutefois que l'influence du *Peruigilium* ne se limite pas aux « petits poètes » du xviiie siècle. Quand Chateaubriand imagina, dans les *Martyrs*, de bercer la navigation de Cymodocée (2) par un chœur de servants de la « déesse d'Amathonte », il n'emprunta pas seulement au *Peruigilium* le refrain sous sa forme littérale :

> « Qu'il aime demain celui qui n'a point aimé !
> Qu'il aime encore demain, celui qui a aimé ! »

il s'inspira du poème pour écrire l'une des deux strophes de son hymne antique :

« ...C'est Vénus qui place sur le sein de la jeune fille la rose teinte du sang d'Adonis ; c'est Vénus qui force les Nymphes à errer avec l'Amour, la nuit, sous les yeux de Diane rougissante. Nymphes, craignez l'Amour : il a déposé ses armes, mais il est armé quand il est nu ! Le fils de Cythérée naquit dans les champs ; il fut nourri parmi les fleurs. Philomèle a chanté sa puissance, ne cédons point à Philomèle » (3).

---

(1) « Aréthuse, ballet représenté par l'Académie Royale de Musique le quatorzième jour de juillet 1701, à Paris... » La musique est de Campra, les paroles d'Antoine Danchet (Bibliothèque Nationale N° Rés. Yf. 1102).

(2) CHATEAUBRIAND : *Les Martyrs*, édit. 1810, t. III, p. 92-94.

(3) Il est intéressant de noter que Chateaubriand a cité sa source dans les notes placées à la fin du livre : *o. c.*, p. 121.

Le XIXe siècle a donné le pas au travail critique. Les éditeurs allemands, en particulier, depuis la publication de l'édition anonyme de Leipzig (1852) jusqu'à l'anthologie latine de Riese (2e édition 1894) ont dépensé une subtilité parfois excessive au problème de la composition. Rappelons la mise au jour du *Peruigilium* dans le manuscrit de Vienne, sur l'intervention de Karl Schenkl en 1871 ; on sait déjà que les folios de ce manuscrit écrits de la main de Sannazaro n'ont été recensés qu'en 1936. A cette date, Sir Cecil Clementi publia une édition du poème fondée sur la recension des trois manuscrits : elle s'accompagne d'une traduction anglaise, d'une bibliographie développée, d'un commentaire et de fac-similés des trois manuscrits. Si des principes différents nous ont guidé dans notre édition du poème, il nous plaît de reconnaître notre dette à l'égard d'un ouvrage utile au chercheur et de rendre hommage au travail consciencieux de l'auteur.

A vrai dire, un éditeur moderne est le débiteur obligé de toute la lignée des érudits qui se sont penchés sur le poème depuis le XVIe siècle. Les dix-huit noms d'érudits inscrits dans notre apparat critique sont un témoignage éloquent de cette contribution. Nous avons donc tenu à connaître tous les travaux importants parus à propos du *Peruigilium*. Mais ce scrupule a toujours été subordonné au souci passionné de servir le texte, le texte seul. Nous permettra-t-on cette confidence au terme de cette histoire : plus importante que la besogne érudite, nous a paru la nécessité de sauvegarder la fraîcheur d'impression. Pierre Pithou s'était bien adressé aux médecins, *Medicorum pueris*, en faveur du poème malade. Je doute qu'il eût appelé à son chevet les « chirurgiens » qui depuis le XIXe siècle ont disséqué à l'envi le poème. A une lacune près, le texte transmis présente un ensemble naturel. Nous avons donc renoncé à tout essai arbitraire de « reconstitution » et nous offrons au lecteur le *Peruigilium* dans l'ordre originel. Loin d'adopter une solution de paresse, nous croyons servir le poème avec le respect loyal, *fide*, que réclamait en 1577 son premier éditeur, le français Pierre Pithou.

II

ÉTUDE LITTÉRAIRE

A

LA MÉTRIQUE, LA LANGUE, LE STYLE

Avant d'aborder les thèmes du poème, interrogeons l'art du poète. Lisons ou, mieux, récitons le *Peruigilium*. Les vers courent sur un rythme léger, groupés en strophes inégales par le retour du refrain :

Cras amet qui numquam amauit quique amauit cras amet!

Leur facture paraît d'une simplicité extrême : à deux exceptions près (les rejets des vers 66 et 73), la phrase finit avec le vers. Leurs évocations sont toutes de fraîcheur. Le poète s'est complu, semble-t-il, à assembler une mosaïque d'impressions avec une charmante spontanéité. A coup sûr, ces impressions premières ne sont pas trompeuses. Mais essayons d'approfondir cette analyse. Quel est le mètre employé par le poète ? Que dire de sa langue ? Quelle est la couleur de son style ?

Métrique. Le poème ne sacrifie pas à la solennité du dactyle. Son rythme bondissant tient à l'emploi d'un mètre plus familier : le septénaire trochaïque.

Crās ă/mēt qui̯s/numquam ă/māui̯t/qui̯que ă/māui̯t/crās ă/mēt !

Ce mètre, qui remonte aux fêtes dionysiaques, servit dès le VIIe siècle avant J.-C. au poète Archiloque. Il passa dans la comédie latine de Plaute et de Térence. Mais il ne tarda pas à être oublié ou plutôt à être dédaigné par les poètes de l'âge classique. Car Lucilius est le dernier poète important de la république qui s'en soit servi.

Son caractère trop populaire lui avait valu cette exclusion. La littérature raffinée de l'être augustéenne ne pouvait s'accommoder de ce rythme propre aux chansons de marche, qui servait parfois au répertoire militaire : ainsi dans la chanson satirique des soldats de César (Suétone : *Iulius* XLIX, 8 et LI). Voici donc une nouveauté intéressante : la reprise d'un mètre délaissé. A peine est-il besoin de signaler les « libertés » du poète. Le tétramètre trochaïque grec, sous sa forme stricte n'admettait la substitution du spondée au trochée qu'aux places paires :

$$- \cup - \bar{\cup} - \cup - \bar{\cup} \parallel - \cup - \bar{\cup} - \cup\underline{\overset{\cup}{}}$$

Or un spondée se rencontre au 5e pied des vers 60 et 91 et au 3e pied du vers 35 (avec la restitution vraisemblable « in armis idem »). Un anapeste se trouve au 5e pied des vers 55 et 62. D'autre part, la scansion *Romulēas*, au vers 72, diffère de la quantité traditionnelle : *Romulĕus*. Il convient de rappeler que les poètes latins ont toujours pratiqué, avec une liberté assez grande, la substitution au pied fondamental d'autres valeurs : tribraque, spondée, anapeste, dactyle. Quant aux noms propres, ils usaient volontiers de la faculté de varier la quantité de la syllabe selon les exigences métriques. Le septénaire trochaïque du *Peruigilium* reprend donc la tradition latine de la république.

Langue. Notre appendice explicatif relèvera toutes les particularités intéressantes des différents vers. Il ne s'agit ici que de signaler les caractéristiques générales de la langue. Si le *vocabulaire* du poète, remarquable par sa précision, est imprégné de souvenirs classiques, il s'émaille de-ci de-là d'expressions particulières. Tout d'abord les hellénismes. Les noms propres sont aussi bien grecs que latins. Le poète désigne Vénus indifféremment sous son vocable romain ou sous le nom grec de Dione. Il cite de même sous leur forme hellénique, si l'on tient à un inventaire rigoureux, la plupart des autres divinités : la vierge de Délos (v. 38 et 47), Bacchus (v. 45), Phœbus (v. 91). Il emploie volontiers des noms communs empruntés au grec, tels que *thronus* (v. 7) qui se substitue au latin *solium*, ou *peplum* (v. 21) qui correspond au latin *amictus*, ou *chelidon* (v. 90) qui remplace *hirundo*. D'ailleurs tous ces termes étaient déjà en usage dans la langue impériale. Détail plus curieux : deux expressions paraissent être des transpositions directes du grec : le *permeanti spiritu* (v. 63) répond à l'expression stoïcienne διήκοντι πνεύματι (1) et le *peruius tenor* (v. 66) traduit ὁ διήκων πνευματικὸς τόνος (2). Par ailleurs quelques expressions n'appartiennent pas à la langue classique : encore faut-il se garder, ici, des excès de zèle inspirés par une théorie préconçue... On s'est efforcé, par exemple, de dépister des indices de latinité tardive dans le *mane* du vers 22 qui annoncerait l'italien *domani*, ou dans *toti* qui correspondrait, à plusieurs reprises, à l'italien *tutti*. En fait, ces mots s'expliquent parfaitement avec leur sens ordinaire. Quels sont donc les termes qui tranchent sur le vocabulaire classique ? *Peruium* du vers 66 a pris le sens actif « qui se fraye une voie » ; *maritus* des vers 4 et 61 signifie « fécondant » à moins qu'il ne faille faire de ce mot un substantif, comme au vers 83, qui s'expliquerait par une apposition (3). La série des mots inconnus aux poètes du Ier siècle est brève : *copulatrix* (v. 5), *florulentus* (v. 29), *congrex* (v. 43). Voilà qui est peu, en comparaison du nombre des réminiscences classiques.

La *syntaxe* du poète offre plus de particularités. La fréquence de la préposition *de* dans le poème a souvent paru singulière. Sanadon (1728) n'est-il pas allé jusqu'à reprocher au poète « ce malheureux *de* qui a tant défiguré cette pièce » ? Certains commentateurs de renchérir, de dénoncer là un signe flagrant de latinité décadente. Qu'en est-il en réalité ? On peut distinguer trois sens principaux de la préposition dans le texte :

1º *de* marque l'origine, vers 9-11 : *cruore de superno... fecit ;* vers 23 : *facta de cruore.* Cet emploi reprend un tour courant à l'époque classique. Cf. *niueo factum de marmore signum* (Ovide, *M.* 14, 313).

2º *de* marque l'origine en expression raccourcie, vers 71 : *de sacello dat... uirginem.* Ce tour est à peine un élargissement de l'usage classique. Cf. *cum... nummos... daret, de meis bonis se dare dixit* (Cicéron, *Phil.* 12, 20) (4).

---

(1) Cf. von Arnim, *Stoicorum ueterum fragmenta*, II, 306, 21.
(2) *Ibid.*, II, 147, 28.
(3) Cf. appendice explicatif vers 4.
(4) Une vue trop systématique a conduit Brakman à donner une analyse erronée de ce tour (in *Mnemosyne* 56 (1928), p. 263) : *de* remplacerait ici le génitif : aussi bien fallait-il démontrer que l'auteur appartient *par sa langue* au cercle de Symmaque !

3° *de* marque la cause, c'est le cas le plus fréquent dans le poème, vers 4, 11, 14, 17, 39, 88. Au vers 6, la préposition peut marquer aussi bien la cause *(uirentis de flagello myrteo)*, que l'origine *(implicat... de flagello myrteo)*. Voilà la tournure qui a choqué le plus les puristes. Sans doute, elle appartient plutôt à la langue familière qu'à la prose littéraire de l'époque classique ; mais elle était admise par les poètes (1). En quoi, pour nous borner à deux exemples, le tour *lacrimae trementes de caduco pondere* (v. 17) diffère-t-il de l'expression d'Ovide *de nostro curuum pondere gramen* (Ovide, *Her.* 15, 148) — ou le vers *ut nemus sit incruentum de ferinis stragibus* (v. 39) du tour *de caede cruentus* du même Ovide (Ov., *Her.* 15, 207) ? Le jeu de cette préposition *de* dénote donc plutôt un emploi familier et poétique que je ne sais quel signe de décadence tardive.

Cette note de familiarité semble voulue par le poète : elle explique également la présence de plusieurs présents de l'indicatif avec la valeur de futurs immédiats, aux vers 6, 7, 45, 89. Elle se révèle à divers autres traits : la forme contracte *peruiglanda* (v. 46), la forme syncopée *nil* (v. 56), les constructions *iussit ut* (v. 22, restitution à peu près certaine), *uellet ut* (v. 41), l'emploi personnel du verbe *pudebit* (v. 26) qui existe déjà chez Plaute. Tous ces indices convergent dans le même sens. Mais ce ne sont là que les matériaux de la phrase. Cherchons maintenant à définir la couleur propre du style.

Style. Le style est simple. Sa simplicité même semble défier toute analyse. « C'est charmant ! » ; le lecteur accueille volontiers par cette exclamation les premiers vers. Il est en peine de trouver une autre formule, à la fin de sa lecture. Charme de la simplicité ? Oui, mais prenons garde que cette simplicité ne soit un effet raffiné de l'art.

Aussi bien le poète a tenu une véritable gageure : sa pièce a beau évoquer au lettré une foule de souvenirs littéraires, elle n'en garde pas moins une originalité foncière. Dès le début du poème (2), nous songeons à l'invo-

(1) On peut ajouter que cet emploi particulier de la préposition *de* se trouve souvent sous la plume des écrivains africains. Exemples : Apulée, *M.* I, 12 : « lacrimae saepicule *de* gaudio prodeunt » ; *Ibid.* III, 20 : « fatigato *de* propria liberalitate ».

(2) Cf. pour le détail de tous ces rapprochements, l'appendice explicatif.

cation virgilienne au printemps. Plus loin encore, Virgile fournit l'image grandiose des noces printanières du ciel avec la terre. Les huttes de myrte nous suggèrent les prescriptions rituelles du IVe livre des *Fastes* d'Ovide. La délicieuse description de la rose nous rappelle les « pudeurs » de Columelle : *nimium rosa plena pudoris* (*R. R.* 10, 102). L'Amour, porteur du flambeau, des flèches et du carquois, semble sortir tout droit des écrits de Tibulle...

Libre à nous de continuer à glaner tous les rapprochements possibles. Le poème, loin de paraître un centon de citations, garde son inaltérable fraîcheur. L'auteur nourri de littérature a su enchâsser ses souvenirs (conscients ou inconscients) avec un tel bonheur qu'il ne troublent jamais le cours de son vers.

Il a pallié, de même, une autre difficulté ; bien que le vers finisse presque toujours avec la phrase, il a évité la monotonie par la modulation du ton. Tantôt il affecte la simplicité du langage parlé :

Vna res est quam rogamus : cede uirgo Delia (v. 38) ;

tantôt il s'élève à l'exaltation poétique :

Ver nouum, uer iam canorum, uere natus orbis est (v. 2).

Cette alternance de tons se remarque à plusieurs reprises dans la pièce ; elle est soulignée, ici, par le procédé de la répétition familière :

Iussus est *inermis* ire, *nudus* ire iussus est (v. 32) ;

là, par le jeu varié des anaphores : anaphores de *uer* aux vers 2 et 3, de *cras* aux vers 5 et 7, de *Hybla* aux vers 51 et 52, de *ipsa* à plusieurs endroits du poème. On ne saurait unir plus harmonieusement la bonhomie familière au style expressif. C'est que, sous sa candeur apparente, ce poète est un raffiné. Avec un sens admirable de la mesure, il sait employer les procédés stylistiques. On vient de voir le rôle des anaphores dans la modulation du ton. L'allitération remplit un office analogue : ici, elle souligne par la dureté des gutturales la fermeté du conseil aux nymphes :

................*cauete quod Cupido*... (v. 34) ;

là, elle combine les dentales aux liquides pour évoquer l'ondoiement de la vague :

...*undantem Dionen de marinis imbribus* (v. 11).

Jamais elle ne paraît jeu gratuit, le poète a trop le sens des nuances pour abuser du procédé; le texte n'en contient, sauf erreur, que 9 exemples.

Cette même discrétion se remarque dans les images. Sans doute le printemps s'égaye de fleurs multicolores :

...gemmis purpurantem... floridis (v. 13).

Toutefois le poète se borne aux touches indispensables : huttes *verdoyantes* de myrte (v. 6), *pourpre* de la floraison printanière (v. 13 et 19). La rose a eu le privilège de lui inspirer à la fois une description colorée et une évocation symbolique. D'une manière générale, les couleurs valent surtout par leur rayonnement lumineux :

Deque gemmis deque flammis deque solis purpuris (v. 24).

Ici, comme souvent dans le poème de Lucrèce, la lumière est signe de joie. Si le poète a préféré au pittoresque des couleurs, les images de lumière, c'est qu'il voulait créer une atmosphère d'alacrité printanière.

Cette unité émotionnelle domine dans le poème. Cela ne veut pas dire qu'elle exclut les notations précises. Au contraire, on se plaît à piquer au passage tel détail savoureux. Avec quelle grâce le poète n'a-t-il pas évoqué, en un seul vers, la goutte d'eau errant sur la feuille (v. 18)? Mais, plus que quiconque, le traducteur est sensible à la sobriété de cet art. La meilleure preuve en est que parfois la traduction française doit renoncer à rendre les « harmoniques » du mot latin. Ainsi, au vers 13, l'expression latine *gemmis floridis* suggère deux idées :

1º le sens propre de « bourgeon de la fleur » ;

2º le sens métaphorique de « perle fleurie ».

Par la combinaison des deux sens, le poète prête à Vénus ce geste gracieux : dans sa course printanière, la déesse sème des perles sur son passage; ces perles sont les nouvelles fleurs. Peut-on suggérer plus, en moins de mots ? L'exemple le plus caractéristique nous est fourni par la description de la rose. Nous verrons plus loin (1) qu'elle emprunte son symbolisme aux cérémonies nuptiales. Mais voyons avec quel tact le poète évoque la jeune vierge à travers la rose. Ici encore, le latin joue sur une

(1) Cf. p. LVII.

expression à double entente : *papilla* désigne aussi bien le sein d'une jeune fille que le bouton de la rose. Ronsard (1) devait chanter plus tard :

> « Quand je voy dans un jardin
> Au matin
> S'esclore une fleur nouvelle
> J'accompare le bouton
> Au téton
> De son beau sein qui pommelle. »

Sans doute la comparaison du « prince des poètes » ne manque pas de saveur. Mais la sensibilité moderne n'apprécie-t-elle pas davantage la discrétion élégante du poète latin ? Ici, il n'y a pas de comparaison développée : rien qu'un mot qui chatoie en métaphore, *papilla ;* l'image se double dans l'imagination du lecteur, assez précise pour la description, assez floue pour la suggestion ; car l'équivoque se poursuit de façon charmante : *pudorem...* la rougeur de la vierge, le rouge de la rose... *peplo...* la robe de la vierge, le calice de la rose, ...*ignea ueste...* le voile de l'épouse, la corolle de la rose. Seul un poète maître de sa langue pouvait jouer avec cette savante virtuosité sur les deux registres.

Voilà en définitive bien des contrastes dans un même poème : la métrique familière n'exclut pas l'élévation du ton ; la fraîcheur spontanée s'allie à la mémoire érudite ; la simplicité d'expression s'accompagne de raffinements stylistiques. Le poète nous a réservé un dernier contraste, à la fin: brusquement il abandonne le style descriptif pour émettre cette plainte élégiaque :

> *Illa cantat. Nos tacemus. Quando uer uenit meum ?*
> *Quando faciam uti chelidon, ut tacere desinam ?*

Cette confidence tranche sur l'objectivité habituelle de la description. Et cette note finale, inattendue chez un auteur ancien, ne saurait déplaire à un moderne.

---

(1) « Quand ce beau printemps je vois... ». Edit. de la Pléiade, I, p. 170.

B

QUI EST L'AUTEUR ?
FLORUS, SELON TOUTES LES VRAISEMBLANCES.

Le moment semble venu de désigner le poète. Malheureusement la pièce nous est parvenue sous forme anonyme. Car il est à peine besoin de rappeler le nom de Catulle qui aurait figuré dans le manuscrit disparu de Venise : cette attribution, invraisemblable pour des raisons métriques, linguistiques et stylistiques, avait déjà éveillé les soupçons légitimes d'Erasme (1).

Le silence de la tradition manuscrite a provoqué une floraison d'hypothèses relatives à la date de composition et à l'auteur du poème. Ce serait perdre son temps que de vouloir les analyser, l'une après l'autre. D'une telle investigation naît, du moins, une conclusion : en pareille matière une méthode de recherche unilatérale s'avère insuffisante. Aussi bien les érudits ont oscillé en général entre deux extrêmes : pour dater la pièce, les uns recourent aux seuls critères stylistiques ; les autres s'emparent d'une prétendue allusion historique. Les premiers ne s'aperçoivent pas de l'insuffisance démonstrative de la comparaison littéraire. Les seconds, empressés de bâtir leur système, oublient la fragilité de leur point de départ. Nous n'avons pas l'intention de grossir le dossier des hypothèses. Mais un ensemble de « lignes de faits » nous a conduit à reprendre à notre compte, avec de nouveaux arguments, une hypothèse ancienne (2) : le *Peruigilium*

(1) Cf. p. IX, note 2 et p. X.
(2) L'idée première remonte au président J. BOUHIER : « Conjectures sur le poème intitulé *Peruigilium Veneris* » in *Poème de Pétrone sur la guerre civile entre César et Pompée... Amsterdam*, 1737, p. 165-200. (Mais l'auteur admet une division insoutenable du poème en deux parties de date différente : la première partie serait du temps d'Auguste, la seconde, du temps d'Hadrien. Il dit à propos de ce *Peruigilium Secundum* : « S'il fallait prendre parti entre les différens sentimens sur son auteur, je pencherais assez à croire que c'est le poète Florus, qui vivait du tems de l'empereur Hadrian ».) La même thèse a été reprise, par la suite, par les auteurs suivants : Otto MUELLER : *De P. Annio Floro poeta et carmine quod Peruigilium Veneris inscriptum est, Berlin*, 1855. (Cette dissertation allemande ne nous a pas été accessible.) Eugenius LAURENTI : *De Iulio Annaeo Floro poeta atque historico Peruigilii Veneris auctore* in *Rivista di Filologia e d'Istruzione classica* (XX), 1892. (Cet article propose quelques rappro-

a été composé vers le milieu du second siècle après J.-C.
par le poète africain Florus.

Sans doute, mieux vaudrait une attestation bien établie.
A son défaut, la méthode des ensembles nous paraît seule
valable pour aboutir à une solution. En effet, *la pièce
ne contient aucun repère chronologique précis.* Des érudits
ont pensé le contraire; ils ont voulu voir un moyen de
datation dans le vers 74 :

Romuli matrem crearet et nepotem Caesarem (1)

A leur avis, ces noms cachent des personnages contem-
porains de l'auteur. Il s'agit donc de trouver dans l'histoire
romaine trois noms assortis : une impératrice-mère, un
empereur « nouveau Romulus » ou « Romulus » tout court,
un « neveu » ou « petit-fils » César. La réunion de ces trois
conditions semblait limiter *a priori* le jeu des hypothèses.
C'est douter de l'ingéniosité des chercheurs qui n'ont
pas proposé moins de trois solutions différentes. En 1872,
un auteur allemand connu seulement par les initiales
G. F. (2) de sa signature, proposait de lire sous *Romuli
matrem* la mère de Romulus Augustule et par *nepotem
Caesarem* l'empereur Julien Nepos : le poème était reporté
à la fin du Ve siècle, en 473 après J.-C. En 1934,
E. K. Rand (3) voulait entendre sous *Romuli matrem* la
mère de Trajan, qui serait lui-même un *Romulus rediuiuus*,
et sous *nepotem Caesarem* l'empereur régnant, Antonin

chements intéressants.) Michael von Latkóczy : *Verfasser und Veranlassung des Peruigilium Veneris* in *Verhandlungen der* 42sten *Sammlung
deutscher Philologen und Schulmaenner in Wien vom 24 bis 27 mai
1893, Leipzig,* 1894, p. 255-256. (Cette étude, qui n'a jamais été impri-
mée est seulement citée dans un résumé de dix lignes : cf. p. xxx,
note 2.) E.-K. Rand : *Sur le Peruigilium Veneris* in *Revue des Etudes
Latines* (XII), 1934, p. 83-95. (L'auteur, sans renoncer aux arguments
littéraires, fonde la datation avant tout sur l'interprétation, erronée
à notre sens, du vers 74.) Remarquons enfin que Pierre Pithou avait
fait suivre dans *l'editio princeps* (1577) le texte du *Peruigilium
Veneris* des vers de l'anthologie de Florus sous le titre *Floridi de
qualitate uitae* (leçon fautive du *Thuaneus = Flori de qualitate uitae.*
Cf. Riese, *Ant. Lat.,* nos 245-252). Nous verrions volontiers, dans cette
juxtaposition des deux textes, un pressentiment du savant humaniste.

(1) Nous donnons ici le vers transmis par les manuscrits.
(2) Cf. *Jahrbuecher für klassische Philologie, vol.* 105 (1872),
p. 494 : *Zum Peruigilium Veneris.*
(3) Cf. *R. E. L.* (XII), 1934, p. 83 : *Sur le Peruigilium Veneris.* Il
va sans dire que l'argumentation seule de Rand est mise en cause
ici : par ailleurs ses résultats concordent avec les nôtres.

le Pieux ; le poème datait du milieu du second siècle
après J.-C. Enfin, en 1938, D. S. Robertson (1) voyait
dans le vers une allusion à Romula, mère de l'empereur
Galère qui, lui, se targuait d'être *alter Romulus*, et à
Maximin Daïa, petit-fils de Romula ; la pièce aurait été
composée au début du IVᵉ siècle, vers 307 après J.-C.

Cinquième siècle ? Deuxième siècle ? Quatrième siècle ?
Il serait cruel d'ironiser sur les résultats divergents
obtenus par la *même* méthode. A vrai dire, l'incertitude
des résultats est loin de nous surprendre. Car le principe
même de la méthode nous paraît entaché d'une erreur
fondamentale : *on n'est pas fondé à détacher le vers 74
de sa strophe, pour y lire je ne sais quelle allusion d'époque
tardive.* Cette strophe stylise à grands traits l'histoire
romaine par le rappel des principaux événements : la
conduite des Troyens au Latium, la mariage d'Enée avec
Lavinia, l'union de Mars avec Rhéa Silvia, l'enlèvement
des Sabines sous Romulus, la constitution des principales tribus du peuple romain — enfin, *l'avènement des
premiers empereurs, les Césars Juliens.* L'hésitation n'est
pas possible sur le sens du dernier vers de cette strophe.
Elle l'est d'autant moins que le poète semble se conformer
à la tradition établie par Ovide et par Stace (2). Cette
fresque historique place tous ces événements sous les
auspices de Vénus : le dernier épisode en est pour ainsi
dire le couronnement. Le culte officiel de Vénus n'a-t-il
pas été instauré par César, qui le transmit à Auguste et
à toute la dynastie impériale ?

L'hiatus chronologique qu'on voudrait nous faire
admettre est donc exclu par le contexte. Cette interprétation s'impose d'emblée à quiconque respecte l'économie
de l'ensemble. Elle ne suppose pas, mais elle entraîne
la correction, d'ailleurs insignifiante, de *matrem* en *patrem*
que nous expliquons plus bas (3). Peut-être dira-t-on
qu'une correction, si légère soit-elle, est tout de même
une correction. On répondra que les partisans du repère
chronologique respectent moins le texte, en dépit des
apparences ; s'ils suivent « la lettre » des manuscrits, ils

(1) Cf. *The Classical Review* (52), 1938, p. 109. En 1940, M. Jacques
Heurgon, qui semble ignorer l'article de D. S. Robertson, a présenté
la même thèse in *Mélanges Alfred Ernout*, p. 177 sq.
(2) Cf. pour Ovide (*Fast.* IV, 123-124), p. LI ; pour Stace (*Sil.* I, 2,
188-190), p. XLIII, note 1.
(3) Cf. Appendice explicatif, v. 74.

trahissent le sens du contenu. La conclusion s'impose : il faut renoncer à la méthode même de la datation fondée sur le vers 74.

Comment sera-t-il possible, dès lors, d'aboutir à une solution positive ? Nous allons proposer au lecteur l'ensemble des « lignes de faits » qui convergent sur le nom de Florus. Nous le verrons, le *Peruigilium*, n'est pas, à coup sûr, un hymne officiel. Mais cette gracieuse fantaisie de poète n'a pu éclore que dans un climat favorable au culte de Vénus. Est-il besoin de rappeler la vogue extraordinaire de la religion vénusienne dans la première moitié du second siècle après J.-C. ? C'est sous Hadrien que Rome vit un retour enthousiaste aux grandes traditions juliennes. L'œuvre de cet empereur dépassa une simple restauration ; il associa étroitement la Ville Eternelle à la déesse julienne, par l'institution du culte officiel de Rome et de Vénus ; dès 121, on posa la première pierre du temple voué à Rome et à Vénus, qui devait être dédié un 21 avril, en 128 après J.-C. Au dire de son biographe de l'*Histoire Auguste*, Hadrien offrait volontiers des jeux et des fêtes publiques. Est-il étonnant que l'approche des fêtes du mois d'avril consacré à Vénus, ait éveillé dans l'imagination d'un poète une sorte de prélude en marge des cérémonies officielles ?

Mais pourquoi ce poète serait-il Florus ? Cet auteur nous est connu surtout par un abrégé en deux livres de l'histoire romaine de Tite-Live. Mais il a laissé également (1) un fragment de rhétorique intitulé *Vergilius poeta an orator* ainsi qu'une trentaine de vers recueillis sous son nom dans l'*Anthologie latine* (2). Remarque plus intéressante : Florus était un familier d'Hadrien. Nous possédons deux épigrammes badines échangées entre le poète et l'empereur (3) et des débris de leur correspondance conservés par le grammairien Charisius (4), notamment ces mots adressés par Florus à Hadrien : *poematis delector*.

Notre connaissance de l'homme ne s'arrête pas là. On n'a pas prêté, que je sache, une attention suffisante aux indications contenues dans le fragment de rhétorique. Si la partie qui aurait traité le thème scolaire

(1) Cf. SCHANZ, *Geschichte der r. Lit.* (1905), t. III, p. 76.
(2) Cf. RIESE, *Anth. Lat.* (1894), n° 87 et n°⁸ 245-252.
(3) Cf. *Histoire Auguste. Vita Hadriani*, 16.
(4) Cf. CHARISIUS, p. 66, 10 et p. 157, 21 éd. *Barwick* (*Leipzig*, 1925).

« Virgile est-il poète ou orateur ? » manque, l'introduction, qui nous reste, contient de précieuses notes biographiques sur Florus. Le récit s'ouvre d'une manière pittoresque : Florus qui séjournait alors en Espagne, dans la petite ville de Tarragone *(Colonia Iulia uictrix)* (1), prenait le frais, à l'ombre des arbres, quand il vit venir un étranger. C'était un habitant de la Bétique que la tempête avait forcé d'accoster, à son retour des fêtes célébrées, à Rome, en l'honneur du triomphe remporté par l'empereur Trajan sur les Daces. Le récit se situe donc en 107. A peine l'étranger entend-il Florus se nommer et évoquer le concours poétique des Jeux Capitolins organisé par Domitien, qu'il s'écrie en admirateur — *fautor* — : « C'est donc toi, Florus l'Africain, que nous avons voulu couronner à l'unanimité ? Malheureusement, l'empereur a refusé ; non qu'il en eût à ta jeunesse, mais il ne voulait pas décerner la couronne du grand Jupiter à l'Afrique » (2). Et l'étranger s'étonne de rencontrer Florus dans ce coin perdu de province — *in hac prouincia* — loin de Rome, *où le public fredonne ses refrains* — *ubi uersus tui a lectoribus concinuntur* — (3). A ce souvenir, le poète s'épand en confidences : il dit le chagrin de sa déconvenue aux Jeux Capitolins de Domitien, sa résolution de chercher l'oubli dans ses pérégrinations à travers les pays étrangers : *adeoque sum percussus et consternatus illo dolore ut patriae quoque meae oblitus ⟨et⟩ parentum carissimorum, similis furenti huc et illuc uager per diversa terrarum* (4). Après avoir parcouru différents pays, en particulier la « *noble Sicile* » il s'est fixé... il faut bien se fixer : « les bêtes ne songent-elles pas au gîte, et les oiseaux ne passent-ils pas leurs vieux jours au nid ? » (5) A défaut de Rome, il a choisi cette charmante cité, *ciuitas gratissima* — qui lui vaut, entre autres avantages, un *climat printanier* pendant toute l'année : *caelum peculiariter temperatum miscet uices, et notam ueris totus annus imitatur* (6). Quelles sont ses occupations ? Il s'est fait maître d'école. Son nouveau métier ne l'enthousias-

----

(1) L'identification, à peu près sûre, répond à la description de la cité du parag. 8-9 : « praeter Caesaris uexilla quae portat, triumphos unde nomen accepit... »
(2) FLORUS, *Vergilius orator an poeta* I, 4.
(3) *Ibid.* I, 6.
(4) *Ibid.* I, 9.
(5) « ferae cubile prospiciunt et aues senescunt in nido ». *Ibid.* II, 5.
(6) *Ibid.* II, 7.

mait guère au début (1). Mais il a vite compris la beauté
de sa tâche ; à présent, il s'enivre de la joie d'enseigner
aux enfants les bonnes mœurs et les belles lettres : *bone
Iuppiter, quam imperatorium, quam regium est sedere
a suggestu praecipientem bonos mores et sacrarum studia
litterarum*, iam carmina legentem, *quibus ora mentesque
formantur, iam sententiis uariis sensus excitantem, iam
exemplis ro...* (2). Le fragment s'interrompt ici... mais la
silhouette du poète s'est précisée à nos yeux. Et nous
pouvons brosser le tableau suivant : Ce poète africain a
subi dans sa jeunesse une cruelle *déception au concours
poétique* de Domitien ; pour oublier son chagrin, il a
entamé un périple qui, de la *Sicile*, l'a mené à travers le
monde ; puis il s'est laissé séduire par le *climat printanier*
de la charmante cité de Tarragone ; il y dirige une école
et se délecte à la *lecture des vers...*

Ce tableau vaut pour l'année 107. Plus tard, le poète
est revenu à Rome ; il est entré dans le cercle des intimes
d'Hadrien. Il y a toutes chances qu'il ait composé le
Peruigilium. Sans doute, il ne suffit pas que Florus se
montre sensible à la douceur printanière, il ne suffit pas
qu'il vive dans l'ambiance religieuse d'Hadrien pour être
l'auteur d'un hymne au printemps et à Vénus. Il existe
des concordances plus précises : 1° Les commentateurs
ont rapproché plus d'une fois le vers 13 du *Peruigilium :*

Ipsa gemmis purpurantem pingit annum floridis.

d'un passage d'Apulée (3) : *solabar clades ultimas quod
uer in ipso ortu iam* gemmulis floridis *cuncta* depingeret
et iam purpureo *nitore prata uestiret, et commodum dirupto
spineo tegmine, spirantes cinnameos odores, promicarent
rosae.* « Je me consolais de ce comble de malheurs, en
voyant le printemps, à peine né, colorer déjà le paysage
de ses gracieuses perles en fleur et étendre sur les prairies
une parure brillante de pourpre ; les roses venaient de
percer leur enveloppe d'épines et s'épanouissaient en

(1) « mihi pertaesum erat huius professionis, ut nusquam uiuere
putarem hominem miseriorem ». *Ibid.* III, 3.
(2) *Ibid.* III, 8.
(3) APULÉE, *Mét.* X, 29 sq. — Apulée semble s'être souvenu également des vers 21 et 22 du *Peruigilium*, dans le passage suivant :
M. III, 29 (*cité par* Laurenti *l. c.*, p. 129) :
« hortulum quendam prospexi satis amoenum, in quo praeter ceteras
gratas herbulas *rosae uirgines matutino rore florebant.* »

exhalant une odeur de cannelle. » L'analogie des deux passages saute aux yeux. Mais qui est l'imitateur ? La sagesse commande d'admettre l'influence du poète sur le prosateur (1). Il y a toutes chances que l'africain Apulée ait emprunté à son compatriote Florus le thème du semis des perles-fleurs ; il l'a développé selon la manière habituelle des imitateurs. Un vers se retient par cœur : il est susceptible de se diluer en un paragraphe de prose. On n'imagine guère le processus inverse. Voilà qui nous fournit un *terminus* pour la datation : le *Peruigilium* est antérieur à la fin du IIᵉ siècle après J.-C.

2º Sur les trente et un vers conservés sous le nom de Florus dans l'*Anthologie*, vingt-six sont écrits en septénaires trochaïques. Le poète passe précisément pour avoir repris, le premier, après une longue interruption cette tradition ancienne. Or le *Peruigilium* est écrit, nous l'avons vu, dans le même mètre. Coïncidence digne de remarque.

3º Florus avait l'oreille sensible au rythme populaire. On se souvient de l'exclamation de l'étranger du fragment de rhétorique : « le public de Rome fredonne tes vers ! » N'est-il pas intéressant de noter que le refrain du *Peruigilium* est empreint, lui aussi, d'un caractère populaire ? Il diffère à peine de certains vers analogues, tracés sur les murs de Pompéi :

Quisquis amat ualeat, pereat qui nescit amare ! (2)

N'est-ce pas, à défaut de la même pensée, le même mouvement ?

4º L'« allure poétique » de la prose de Florus a été souvent remarquée ; il aime, dans son abrégé d'histoire, les phrases courtes, les constructions paratactiques, les groupements symétriques (3) ; tous ces traits caractérisent le style du *Peruigilium*. Inversement, ne retrouve-t-on pas dans le *Peruigilium*, l'« abréviateur » Florus dans la strophe historique ? Cette manière de styliser l'histoire

---

(1) Il y a un flottement dans la pensée de CLEMENTI à ce propos. Il préconise o. c. p. 90, l'imitation par le *Peruigilium*, mais p. 219, il admet la possibilité d'une imitation par Apulée.

(2) Cf. DIEHL. *Pompeianische Wandinschriften*, nº 593. Cf. aussi *id.*, nᵒˢ 594-595.

(3) Cf. à titre d'exemple : *Epitome* I, 7, 4, « in senatum caedibus, in plebem uerberibus, in omnes superbia ».

Vergilius orator an poeta II, 4 : « ...*quae* spatia caeli peragrauerim, *quae* maris *quaeue* terrarum ».

de Rome rappelle les « quatre âges » assignés par l'historien Florus au peuple romain.

5° Il existe, enfin, des affinités entre les vers de Florus et les vers du *Peruigilium*. Dans les uns et les autres interviennent Apollon et Bacchus.

PERVIGILIVM (v. 45) :

Nec Ceres nec Bacchus absunt nec poetarum deus.

FLORVS (*in* Riese, *Anthol. lat.* n° 247) :

Sic Apollo, deinde Liber sic uidetur ignifer :
Ambo sunt flammis creati prosatique ex ignibus (1).

Surtout le thème de la rose, traité avec tant de grâce dans le *Peruigilium*, revient dans l'*Anthologie* sous la signature de Florus (*Ib.*, n° 87) (2) :

> *Venerunt aliquando rosae... Pro ueris amoeni*
> *Ingenium ! Una dies ostendit spicula florum,*
> *Altera pyramidas nodo maiore tumentes*
> *Tertia iam calathos ; totum lux quarta peregit*
> *Floris opus. Pereunt hodie, nisi mane legantur.*

« Un beau jour vinrent les roses. Oh ! merveille charmante du printemps ! Le premier jour vit apparaître les boutons des fleurs ; le deuxième, les nœuds gonflés en pointe ; le troisième, les calices ; à l'aube du quatrième s'acheva le chef-d'œuvre de la fleur. La mort est pour aujourd'hui, si on ne les cueille au matin. »

Sans doute, il y a des différences entre les deux morceaux : l'élément descriptif prédomine dans les vers tirés de *l'Anthologie*, le symbolisme, dans le *Peruigilium*. Mais l'idée des phases successives de la floraison ne leur est-elle pas commune ? N'y trouve-t-on pas des symétries d'expression ? Ainsi *spicula florum* correspond à *surgentes papillas* — *pyramidos nodo maiore tumentes* à *nodos tumentes*. C'est la même inspiration.

Toutes ces coïncidences concordent à faire de Florus

---

(1) Ce second vers rappelle par l'expression le vers 25 du *Peruigilium* : « (facta)... deque *flammis* deque solis purpuris ».

(2) Peut-être faut-il attribuer également à Florus les vers des nᵒˢ 85 et 86 de l'*Anthologie* consacrés à la rose : cette suggestion remonte à Riese (1ʳᵉ édition, 1869), cf. p. LVI, suite de la note 3 de la page LV.

l'auteur du *Peruigilium*. S'il en est ainsi, nous nous expliquons mieux certains traits du poème. On conçoit que la Sicile soit la scène rêvée pour la fête imaginaire. Cette « noble Sicile » (1) patrie printanière de Vénus Erycine, avait déjà reçu, au début du siècle, la visite du poète désabusé. En 123, Hadrien devait s'y rendre à son tour et faire l'ascension de l'Etna. Le poète accompagna-t-il l'empereur en voyage ? Quand il évoque dans son chant la plaine de l'Etna, se plaît-il à éveiller de récents souvenirs ? C'est très possible (2).

Encore le problème de la localisation n'offre-t-il pas un intérêt primordial. Voici qui éclaire la composition même du poème. Naguère le mélange des éléments grecs et romains pouvait sembler une étrangeté littéraire. On pouvait être tenté d'opposer deux aspects dans la déesse : la description hellénisante, la conception romaine. En fait, il n'y a pas de contradiction. A cette date, le syncrétisme mythologique est une attitude naturelle des esprits. Florus a beau parer sa Vénus, ou sa Dione, de toutes les grâces de l'hellénisme, la déesse n'en reste pas moins *d'abord* une souveraine romaine : la strophe historique en fournit la preuve éclatante. C'est que le même poète se plaît tour à tour à badiner à la manière alexandrine et à jouer au Romain méprisant (3). Par cette attitude,

---

(1) Cf. p. XXVI.

(2) Il existe dans les *Verhandlungen der 42sten Sammlung deutscher Philologen und Schulmaenner in Wien vom 24 bis 27 mai 1893* (TEUBNER, 1894), (*cité par* CLEMENTI, *o. c.* p. 148, n° 232) aux pages 255-256, la mention d'un travail inédit du Dr. Michael von LATKÓCZY au sujet de « *Verfasser und Veranlassung des Peruigilium Veneris* ». Le résumé se borne à indiquer « que, suivant cet érudit, le poème serait une pièce de circonstance (Gelegenheitsgedicht) composée pour une fête célébrée le 6 avril 123, à Hybla, à l'occasion de la visite d'Hadrien en Sicile et que l'auteur pourrait être le rhéteur Florus ». Bien qu'on ne puisse pas juger un mémoire qui n'a jamais été publié, nous sommes les derniers à méconnaître l'intérêt de cette suggestion. Nous ajouterons toutefois le correctif suivant : la nature du poème exclut, à notre sens, tout caractère solennel. Le *Peruigilium* a pu être inspiré par le voyage en Sicile : *il ne peut être une pièce de commande officielle.*

(3) Confronter à cet égard la charmante anecdote du n° 248 (*Ant. Lat.* Riese) avec la profession de foi romaine du n° 250 (*ibid.*).

N° 248. Florus avait gravé le nom de sa belle dans l'écorce d'un arbre. Voici le trait final :

« Nulla fuit exinde finis uel quies cupidinis :
   Crescit arbor, gliscit ardor : animus implet litteras ».

N° 250. Florus prend un ton bien différent :

« Sperne mores transmarinos, *mille habent offucias.*
   Ciue Romano per orbem nemo uiuit rectius ».

Florus s'apparente bien à son temps : la renaissance antonine conciliait volontiers les raffinements helléniques avec l'exaltation du nom romain (1).

La personnalité de Florus ne rend pas seulement compte de ce syncrétisme mythologique. Je crois qu'elle donne la clef de cet alliage subtil d'érudition et de fraîcheur. Faut-il nous étonner que ce maître d'école qui s'était imprégné des poètes classiques ait gardé jusque dans le jet de l'inspiration comme un écho des grandes œuvres ? Rien n'explique mieux les multiples souvenirs littéraires du poème que la profession de maître d'école. Elle explique surtout que ces souvenirs, au lieu de brider l'imagination, aient favorisé son envol. Les heures ferventes passées à l'école de Tarragone, ont valu au maître cette rare réussite : le jaillissement d'une inspiration servie par la culture livresque.

Enfin le nom de Florus peut seul fournir une explication satisfaisante de la fin du poème. Pourquoi s'élève donc cet appel nostalgique après les chants du printemps ? Sans doute l'immense déception se place au début de sa carrière. Mais il en a toujours gardé la marque douloureuse. Ne l'oublions pas, « percé jusques au fond du cœur »...*percussus et consternatus illo dolore*, il s'est détourné longtemps de la poésie ; il a quitté patrie et parents pour errer à travers le monde. Il n'a recouvré son équilibre que dans la cité printanière de l'Espagne ; là, il a retrouvé par l'enseignement le goût des lettres. S'il n'en compose pas lui-même, il lit des poèmes aux enfants... *carmina legentem*... Si bien qu'un beau jour les souvenirs de jeunesse sont les plus forts. Il revient à Rome ; il devient l'ami de l'empereur. Il se remet à composer... Va-t-il connaître la gloire ? Hélas ! les années ont passé... Il a perdu du temps... Le rêve printanier se voile d'une note mélancolique :

(1) Le biographe d'Hadrien ne se contredit pas quand il nous rapporte au paragraphe 1 (Hist. Auguste : *Hadr.*) la passion de l'empereur pour la culture hellénique (« imbutusque impensius graecis studiis, ingenio eius sic ad ea declinante ut a nonnullis *Graeculus diceretur* ») et au paragraphe 13 son aversion pour les cultes étrangers (« sacra Romana diligentissime curauit : *peregrina contempsit* »). L'erreur capitale de Brakman (in *Mnemosyne*, 1928, p. 254 sq.) a été de méconnaître ce trait caractéristique : n'a-t-il pas soutenu que la coloration grecque du poème excluait la paternité du « Romain » Florus !

Illa cantat. Nos tacemus. Quando uer uenit meum ?
Quando faciam uti chelidon, ut tacere desinam ?
Perdidi Musam tacendo nec me Phœbus respicit.

Dans sa jeunesse, il a dû rêver une grande carrière
poétique. Voici qu'il doute de lui-même. « Apollon ne me
regarde plus. » Tristesse étrange, après ces vers frais
comme le printemps ? Non, pas si étrange : il se sent
désespérément poète mineur...

III

LA VEILLÉE DE VÉNUS

A

QUE SAVONS-NOUS DES « PERVIGILIA » ?
QUEL EST LEUR RAPPORT AVEC LE POÈME ?

Le sujet du poème est la Veillée de Vénus. Mais faut-il y voir un chant rituel, à la manière du *Carmen Saeculare* d'Horace ? La liberté de l'inspiration annonce plutôt une variation poétique, un prélude fantaisiste en marge des fêtes prochaines. Toutefois une strophe se rapporte plus directement à la solennité religieuse et livre quelques précisions (v. 42-46) :

« Pendant trois nuits de fête, tu verrais nos chœurs mêlés aux groupes de la foule, parcourir tes taillis, sous les guirlandes de fleurs, parmi les huttes de myrte. Cérès, Bacchus, le dieu des poètes vont être des nôtres. Allons fêter la nuit entière, allons veiller au chant des hymnes ! »

Cette triple veillée nocturne est-elle une simple fantaisie poétique ? Sans doute le poète a brodé sur le thème religieux ; il a mêlé les divinités du thiase aux chœurs des fidèles. Mais il est difficile de ne pas voir ici une allusion aux fêtes de Vénus qui débutent au premier jour du mois qui lui est consacré : le mois d'avril.

Au début du IVe Livre des Fastes, Ovide place ce mois, qui était le deuxième de l'année primitive, sous l'invocation de Vénus. C'est là, dit-il, une institution de Romulus « qui dédia deux mois successifs aux dieux de sa race » (1), le premier à son père Mars, le second à son aïeule Vénus. Le 1er avril est célébré aussi bien par les grandes dames que par les courtisanes :

---

(1) Ovide, *Fast.* IV, 60 : « Tempora dis generis continuata dedit ».

« Selon le rite, vous honorez la déesse, mères et filles du
[Latium,
« Et vous aussi qui ne portez ni les bandelettes ni la longue
[robe (1). »

Et le chantre des *Fastes* décrit la cérémonie principale :
la toilette de la statue cultuelle. Les mêmes plantes
que dans le *Peruigilium* interviennent dans la liturgie
transmise par Ovide. La parure de la statue exige des
roses nouvelles :

....*nunc noua danda rosa est* (2)

Et le bain rituel des fidèles s'accomplit sous des rameaux
de myrte verdoyant (3). Mais Ovide ne parle pas d'une
fête de nuit.

En fait, les cérémonies nocturnes n'ont jamais été en
faveur auprès des autorités romaines. Celles-ci voyaient
surtout dans les *peruigilia*, qui correspondent aux
παννυχίδες des grecs, une source de dérèglements possibles. Les allusions éparses que nous avons gardées
tendent toutes dans ce sens. Tite-Live invoque le relâche-
ment d'un *peruigilium* pour expliquer la capture du camp
campanien survenue à Hamae en 215 avant J.-C. (4).
Les auteurs comiques, s'inspirant des modèles grecs, ont
utilisé les désordres des *peruigilia* aux fins de leurs
intrigues ; ainsi le Prologue de Plaute dans l'Aululaire
parle d'une jeune fille violée aux fêtes nocturnes de
Cérès (5).

Aussi, à l'époque républicaine, les autorités publiques
ont-elles pratiquement interdit la célébration de cérémonies nocturnes à Rome. L'affaire des Bacchanales en
186 avant J.-C. illustre la réaction violente du sénat
romain contre les tentatives d'intrusion des « mystères »
étrangers. Denys d'Halicarnasse ne manque pas de louer

---

(1) Ov. *F.* IV, 133-34 : « Rite deam Latiae colitis matresque nurusque
  Et uos, quis uittae longaque uestis abest ».
(2) *Ib.* IV, 138.
(3) *Ib.* IV, 139.
(4) Tite-Live, XXIII, 35, 15.
(5) Plaute, *Aul.*, 35 sq.
  « ...Is adulescentis illius est auunculus
  Qui illam stuprauit noctu, Cereris uigiliis ».
Cf. Aulu-Gelle, II, 23, 14 : « filia hominis pauperis in peruigilio
uitiata est » (il s'agit d'une pièce de Ménandre).

l'absence chez les Romains de mystères occultes et de *veillées communes aux hommes et aux femmes* (1). Une seule exception était tolérée : chaque année les femmes célébraient, de nuit, en décembre, les fêtes de *Bona Dea.* Mais ces cérémonies, qui s'accomplissaient avec la participation des Vestales, dans l'intérêt du peuple *(pro populo)* étaient entourées de certaines garanties. Elles avaient lieu dans la maison d'un magistrat revêtu de l'*imperium ;* elles étaient réservées aux seules femmes ; la religion interdisait la présence de tout être mâle :

> *Sacra Bonae maribus non adeunda Deae* (2).

Cette interdiction explique la grandeur du scandale provoqué par Clodius lorsqu'il s'était introduit dans la maison de la femme de César, Pompeia, qui présidait à cette fête nocturne.

Cette sévérité pratique était sanctionnée par la législation religieuse. Dans le second livre des *Lois*, Cicéron cite un texte formel, un texte qui concorde, en tout cas, avec la tradition établie par le sénatus-consulte des Bacchanales : « Défense aux femmes de célébrer des sacrifices nocturnes en dehors de ceux qui se font régulièrement dans l'intérêt du peuple » (3). Dans son commentaire, l'auteur veut bien accorder une valeur civilisatrice aux mystères d'Eleusis, mais il justifie la loi romaine d'une manière aussi claire que nette : « Ce qui me déplaît dans les cérémonies nocturnes ? Voyez les poètes comiques. Si pareille licence eût été donnée, à Rome, que n'eût pas fait, alors, l'individu qui osa venir avec la préméditation de l'adultère à un sacrifice où l'intrusion même d'un regard imprudent eût une profanation ? (4) » Plus loin, Cicéron rappelle la sévérité du Sénat et la fermeté des consuls au moment de l'affaire des Bacchanales. Il conclut par cet énoncé catégorique : « A coup sûr, nous

---

(1) Denys d'Halic., *Ant. Rom.* II, 19, 2 : οὖ βαχχείας καὶ τελετὰς ἀπορρήτους, οὖ διαπαννυχισμοὺς ἐν ἱεροῖς ἀνδρῶν σὺν γυναιξίν.
(2) Tibulle I, 6, 22.
(3) Cic., *De legib.*, II, 9, 21 : « nocturna mulierum sacrificia ne sunto praeter olla, quae pro populo rite fient ». L'exception prévue concerne les fêtes de *Bona Dea.*
(4) Cic., *De legib.*, II, 14, 36 : « Quid autem mihi displiceat in nocturnis, poetae indicant comici. Qua licentia Romae data, quidnam egisset ille qui in sacrificium cogitatam libidinem intulit, quo ne imprudentiam quidem oculorum adici fas fuit? »

devons exiger rigoureusement que la lumière du grand
jour sauvegarde, sous les yeux du public, la réputation
des femmes (1). »

Il semble que ce rigorisme républicain ait fléchi sous
l'empire (2). En tout cas, les allusions à des *peruigilia*
sont plus nombreuses. Suétone signale à différentes
reprises des fêtes de ce genre, en particulier la veillée
de prière instituée par Galba en l'honneur d'une statue
de la Fortune (3). Tacite mentionne, sans préciser davantage, des *peruigilia* célébrés, après l'incendie de Rome,
par les femmes mariées (4). Mais toutes ces citations ne
concernent pas des *peruigilia* expressément consacrés
à Vénus. Pline l'Ancien a fait, lui, une allusion directe
aux veillées de Vénus, dans sa description des variétés
de pois chiches : « Il existe encore un pois gris cendré,
qu'on appelle parfois *pois de Vénus ;* il est blanc, rond,
lisse, plus petit que le pois tête de bélier : *la religion en
fait usage aux veillées* (5). » Voilà un texte qui nous permet
de croire à un rituel particulier aux veillées de Vénus.

Quelle idée peut-on s'en faire d'après les témoignages
des auteurs anciens ? Les veillées de Vénus ont dû gagner
la faveur du public sous l'empire. Sans doute faisaient-
elles partie des fêtes de Vénus célébrées chaque année à

---

(1) Cic., *ib.* II, 15, 37 : « ...quibus (= nobis) profecto diligentissime sanciendum est, ut mulierum famam multorum oculis lux clara
custodiat... ».

(2) Toutefois, il est intéressant de noter les réactions suscitées dans
le monde romain par les fêtes nocturnes des *Quinquennalia* néro-
niens. Détracteurs et partisans s'accordent sur le danger de corruption
morale inhérent à ce genre de réjouissances ; leurs avis ne divergent
que pour le cas particulier des fêtes nocturnes de Néron. Selon les
premiers, « noctes quoque dedecori adiectas ne quod tempus pudori
relinquatur, sed coetu promisco, quod perditissimus quisque per
diem concupiuerit, per tenebras audeat » (Tacite, *Ann.* XIV, 20, 8).
Suivant les seconds, « laetitiae magis quam lasciuiae dari paucas
totius quinquennii noctes, quibus *tanta luce ignium* nihil inlicitum
occultari queat » (*Ibid.*, XIV, 21, 6).

(3) Suet., *Galba* 47 : Cf. *Id. Calig.* 54, 3 ; *Vitell.* 10, 7.

(4) Tacite, *An.* 15, 44 : « sellisternia ac peruigilia celebrauere feminae
quibus mariti erant ». — Ailleurs, Tacite prend le mot au sens d'orgies :
Cf. *Hist.*, II, 168 : « omnia indisposita, temulenta, peruigiliis ac baccha-
nalibus quam disciplinae et castris propiora ».

(5) Pline, *Hist. nat.* 18, 32, 124 : « est et columbinum (cicer) quod alii
Venerium appellant, candidum, rotundum, leue, arietino minus, quod
religio peruigiliis adhibet ».

Un vers de Plaute fait également une allusion, par plaisanterie, aux
veillées de Vénus : *Curc.*, v. 181 :

« Quid tu ? Venerin peruigilare te uouisti, Phaedrome ? »

partir du 1er avril. Elles comportaient certainement une liturgie symbolique (1). Mais elles devaient plaire surtout par leur cérémonial spectaculaire, les danses et les chants.

Sous quel angle faut-il, alors, considérer notre poème ? Encore une fois, le thème est bien la veillée de Vénus ; mais c'est moins une description anticipée de veillée rituelle qu'une transposition poétique. Le poète frôle la réalité religieuse plus qu'il n'entre dans le mystère sacré.

Tout d'abord, il a situé la scène dans la plaine fleurie de l'Etna, à Hybla (2). Excellent metteur en scène, il a spéculé sur le cadre féerique d'une Sicile printanière. C'est qu'il a été surtout sensible à l'aspect esthétique de la fête ; il ne lui suffit pas de faire évoluer ses chœurs de chanteurs parmi les roses et les myrtes. Il veut une décoration grandiose : il n'est pas trop de fleurir toute la plaine de l'Etna. — Ajoutons que le culte ne se confine pas à l'intérieur d'un sanctuaire. C'est en pleine forêt, que les fidèles honorent la déesse, dans cette forêt chère aux divinités romaines. Ainsi la fiction de la présence des dieux assistants, parmi la foule, paraît plus naturelle. Comme aux premiers jours du monde, les dieux se mêlent aux hommes pour chanter les louanges de la souveraine de l'univers. — De plus, le poète a transformé la description en un tableau vivant : Vénus va apparaître elle-même dans ce décor somptueux. Elle va trôner au milieu de sa cour de nymphes pour promulguer ses lois. Avions-nous tort de parler de mise en scène ? On ne peut s'empêcher de songer à une autre reconstitution mythologique, la délicieuse description de la scène figurée du mont Ida, que fera dans ses *Métamorphoses*, le compatriote de Florus, Apulée (3) : « ...Voici Vénus qui s'avance parmi les applaudissements de l'assistance, au beau milieu de la scène ; entourée de tout un monde d'enfants rieurs, elle a un doux sourire, une pose charmante. A

(1) Cf. à titre d'exemple le rite de la phallophorie dans l'île de Chypre, rapporté par Arnobe, V, 19 : « Nec non et Cypriae Veneris abstrusa illa initia praeterimus quorum conditor indicatur Cinyras rex fuisse, in quibus *sumentes ea certas stipes inferunt ut meretrici et referunt phallos propitii numinis signa donatos.* »
(2) Cf. appendice explicatif, v. 49 : Hybla, pour l'identification moderne de cette cité.
(3) Apulée, *Mét.* X, 32.

voir tous ces petits si potelés et si blancs, on dirait un
essaim de vrais Amours venus du ciel ou de la mer.
Ailettes, fléchettes, tout, en leur parure, donne mer-
veilleusement le change. Leurs torches étincelantes éclai-
raient la route de leur souveraine, comme si elle devait
se rendre à un banquet nuptial. Et voici le flot des jeunes
vierges, brillante jeunesse ; ici, les Grâces toutes gracieuses, là, les Heures toutes jolies, qui lancent des guirlandes et des fleurs pour souhaiter la bienvenue à leur
déesse et forment un chœur impeccable pour offrir à la
souveraine des plaisirs les prémices du printemps... »
Prolixe selon son habitude, Apulée raffine sur les mignar-
dises. Plus sobre, Florus révèle une qualité égale de la
vision imaginaire.

Faut-il, enfin, remarquer à quel point la transposition
poétique a dépouillé la fête de tout aspect orgiaque ?
Sans doute, Vénus s'oppose à Diane conformément à la
tradition (1). Ce n'est pas une raison pour le poète de
donner un caractère dissolu à la cérémonie. Au contraire,
l'ambassade déléguée par Vénus à Diane est formée de
chastes nymphes à qui Diane n'a rien à reprocher :

Conpari Venus pudore mittit ad te uirgines (v. 37).

Non seulement Florus a renoncé à toute vulgarité,
mais la délicatesse de sa peinture fait un vif contraste
avec les descriptions de réjouissances analogues, par
exemple avec la fête populaire d'*Anna Perenna* présentée
par Ovide. Là aussi, on construit des huttes de branchages pour la circonstance (2). Mais l'assistance a une
tenue bien différente : « C'est une foule qui se répand pêle-
mêle sur l'herbe verte pour y boire et s'y coucher, chacun
avec sa belle (3). » Le soleil et le vin échauffent peu à
peu les esprits ; on forme des souhaits : autant de coupes

---

(1) Déjà l'Hymne homérique à Aphrodite (I, v. 16 sq.) accuse
l'opposition : « Jamais non plus Aphrodite la Souriante ne peut plier
sous les lois de l'amour la bruyante Artémis aux flèches d'or : *celle-ci
se plaît à l'arc, au massacre des fauves sur la montagne.* » (*Traduction
HUMBERT, Belles-Lettres.*) — Cf. appendice explicatif, vers 38.
(2) Ovide, *F.* III, 528 : « Sunt quibus e ramis *frondea* facta *casa est.* »
(3) *Ibid.* III, 525-6 :

    « Plebs uenit, ac uirides passim disiecta per herbas
      Potat et accumbit cum pare quisque sua. »

vidées, autant d'années à vivre (1). Puis on organise des
« danses sans façon, où la pimpante petite amie se tré-
mousse, cheveux au vent (2). » Et le spectacle dégénère
en beuverie générale ; le récit finit sur l'image de ce
couple grotesque : un vieillard saoul au bras d'une vieille,
saoule comme lui (3).

Bacchus assiste aussi, parmi d'autres divinités, à la
Veillée de Vénus : ce n'est pas pour autoriser pareils
excès. Les invités de la déesse associent la dignité à la
grâce des gestes. C'est une joie innocente qui anime la
forêt remplie de danses et de chants ; l'exclusive
prononcée contre Diane, s'adresse moins à la « pudique
vierge » qu'à la chasseresse sanguinaire.

Qu'on est loin des veillées bachiques de Tacite, loin
des orgies grossières de la fête d'*Anna Perenna* ! Cette
« sublimation » féerique n'est pas le trait le moins tou-
chant de notre poème.

B

PLAN DU POÈME.

Nous avons dit que le *Peruigilium Veneris* se compose
de strophes inégales séparées chaque fois par le refrain.
Ces strophes correspondent aux moments successifs
de la pensée. Le refrain donne pour ainsi dire une unité
émotive à la composition ; il l'introduit, la soutient,
l'achève. Partout, il suggère le message printanier de
Vénus. Voici le plan du poème :

I.) LE PRINTEMPS, SAISON DE VÉNUS

1re strophe (v. 1 - 8). Annonce du printemps : il s'ouvre
　　　　　　　　　　sous les auspices de Vénus.
2e strophe (v. 9-12). Annonce de l'anniversaire de la
　　　　　　　　　　naissance de Vénus.

(1) Ovide, F. III, 531-2 :
　　　« Sole tamen uinoque calent : annosque precantur,
　　　　　Quot sumant cyathos, ad numerumque bibunt. »
(2) *Ibid.* III, 537-8 :
　　　« Et ducunt posito *duras* cratere *choreas*,
　　　　　Cultaque diffusis saltat amica comis. »
(3) *Ibid.* III, 542 : « ...senem potum pota trahebat anus. »

3e strophe (v. 13-27). Description de la floraison printanière : la rose, fleur de prédilec-
tion de Vénus.

II.) PRÉPARATION DE LA FÊTE

4e strophe (v. 28-36). Recommandations aux nymphes.
5e strophe (v. 37-48). Message des nymphes à Diane :
évocation de la fête.
6e strophe (v. 49-57). Localisation de la fête à Hybla.

III.) « LITANIES » DE VÉNUS

7e strophe (v. 59-68). Vénus, déesse cosmique de la procréation.
8e strophe (v. 69-75). Vénus, déesse tutélaire de Rome.
9e strophe (v. 76-80). Vénus, déesse des forces végétales.
10e strophe (v. 81-88). Vénus, souveraine des animaux et
des oiseaux.

IV.) ÉPILOGUE PERSONNEL

(v. 89-93). Appel nostalgique du poète.

Justification du plan. Le plan qui vient d'être
proposé, correspond stricte-
ment à l'ordre des vers dans les manuscrits. L'inspiration
du poète peut paraître capricieuse dans le chatoiement
du détail ; elle n'en suit pas moins un plan logique pour
l'ordonnance générale. Nous récusons donc tous les
essais de « reconstitution strophique ». Nombre d'éditeurs ont succombé à cette tentation pour introduire je
ne sais quel principe de symétrie dans le poème. Clementi, qui propose lui-même une combinaison fondée sur
des strophes et des antistrophes, ne signale pas moins
de dix-sept autres solutions ! (1) Inutile de recourir à ces
pratiques chirurgicales pour aboutir à des résultats aussi
arbitraires. Toutes ces tentatives ne sont pas seulement
artificielles ; elles sont gratuites. Pourquoi se choquer,
par exemple, de l'emploi de la strophe inégale ? Elle
existe dans la poésie bucolique grecque. Ainsi le « chant
funèbre en l'honneur de Bion » se divise en strophes
inégales marquées par le retour d'un refrain (2). Elle
existe dans la poésie latine : Virgile, reprenant le thème

(1) CLEMENTI *o. c.*, p. 58, 66, 67.
(2) Cf. *Bucoliques grecs*, éd. LEGRAND *(Belles-Lettres)*, II, p. 158.

des « Magiciennes » de Théocrite, dans la huitième bucolique, substitue aux strophes égales, les couplets inégaux,
plus passionnés.

Il n'y a aucune raison, non plus, de modifier la suite
des idées. Elle est normale, à une exception près : visiblement le vers 58 ne s'adapte pas au contexte. J'incline à
voir, avec Trotzki (1), une lacune autour de ce vers. Cette
solution de sagesse semble préférable aux diverses transpositions tentées sans raisons convaincantes par certains
éditeurs (2). Partout ailleurs, l'économie du texte est
satisfaisante.

En particulier, le déplacement des vers 59-62 devant
les vers 9-11, adopté par plusieurs éditeurs, est loin de
s'imposer. Pourquoi se refuser à la suite des idées proposée par le poète ? Elle est pourtant nette : il débute par
l'annonce du printemps ; aussitôt il rappelle l'anniversaire évoqué par cette saison : la naissance de Vénus.
Date capitale pour la fête du lendemain. Pourquoi interrompre la marche de la pensée par le thème des noces de
l'Ether avec la Terre ? Celui-ci garde sa valeur à sa vraie
place. En effet, à partir du vers 59, le poète va chanter la
puissance de Vénus ; or, la descente de l'Ether au sein
de la Terre, au premier printemps du monde comme à
chaque nouveau printemps, est une manifestation de cette
puissance (3). Comment n'a-t-on pas remarqué que Stace
qui a inspiré plus d'un trait à Florus (4), a établi exactement le même lien de causalité ? Il fait dire à Vénus en
termes propres (5) :

> *...ipsum in conubia Terrae*
> *Aethera, cum pluuiis rarescunt nubila, soluo.*
> *Sic rerum series mundique reuertitur aetas.*

« J'épands l'Ether lui-même dans le sein de la terre,
au moment de la condensation des nuages en pluie.
J'assure ainsi la continuité des êtres et la jeunesse pério-
dique du monde. »

---

(1) J. Trotzki : *Zum Peruigilium Veneris* in *Philologus* 81 (1925-
26), p. 340.
(2) Cf. Appendice explicatif, v. 58.
(3) *Ipsa* (v. 63) rattache l'hymen de l'Ether à l'action de Vénus
de même que *Ipsa* (v. 22) plaçait l'hymen de la rose sous ses auspices.
(4) Trotzki, *o. c.* p. 343, a fait ce rapprochement ingénieux, sans
en tirer les conséquences logiques.
(5) Stace *Sil.* I, 2, v. 185-187.

Le bouleversement de l'ordre naturel conduit nécessairement à imputer une incohérence au poète : Vénus naissait à la fois des premières noces de l'Ether et du sang d'Ouranos ! Trotzki (1) s'étonne en effet de cette étrange anomalie ; elle provient simplement de l'idée étrange de transposer les vers !

Mais plutôt que de relever les diverses erreurs de transposition (2), essayons de saisir l'enchaînement des idées. L'annonce du printemps et la proclamation de l'anniversaire de Vénus sont suivies par la description de la nature : rien de plus normal. Cette description sert à la fois à manifester le printemps et à décorer la fête de Vénus. — Le poète peut passer sans transition aux préparatifs directs de cette fête. L'unité de cette seconde partie réside dans l'impulsion même donnée par la déesse. C'est elle qui envoie le cortège des Nymphes et de l'Amour au bois des myrtes. C'est elle qui délègue l'ambassade des vierges auprès de Diane pour revendiquer le bois. C'est elle qui prépare son propre triomphe sur le trône dressé dans la plaine fleurie de l'Hybla. A ce moment, la fête est imminente. L'habileté du poète a consisté à actualiser ce futur proche, à évoquer la figure de Vénus qui va siéger parmi la cour des Grâces, au milieu de l'assemblée des Nymphes, pour énoncer ses lois. — A cet endroit, le développement change ; sans doute faut-il admettre une lacune autour du vers 58 qui, isolé, n'offre guère de sens. Peut-être le poète précisait-il dans ces vers l'énoncé des lois de la déesse (3). Peut-être se bornait-il à un simple intermède descriptif (4). — Voici le moment de chanter les louanges de Vénus. Le poète enchaîne, par une sorte de litanie de ses différents titres de gloire. Il semble suivre un ordre allant du général au particulier, puisque, tour à tour, en des raccourcis descriptifs saisissants, il salue la divinité cosmique, la protectrice de

---

(1) Trotzki, o. c. p. 358.
(2) Il faut reconnaître à Trotzki le mérite d'avoir en général dénoncé la fausseté de cette méthode, dans un article pénétrant (o. c.). Mais il a cru devoir lui faire deux concessions, puisqu'il admet le groupement des vers 1-8, 59-62, 9-11, d'une part et l'ordre des vers 69-70, 73-74, 71-72 proposé par Baehrens d'autre part. Ces transpositions ne se justifient pas : on vient de réfuter la première ; on renvoie à l'appendice explicatif pour la seconde.
(3) C'est l'opinion de Trotzki, o. c. p. 341.
(4) La teneur du vers 58 suggère plutôt cette dernière interprétation. Aussi bien le message de Vénus est proclamé par le refrain.

Rome (1), la déesse des forces végétales, la souveraine des animaux. — Jusqu'à présent il a été un témoin visionnaire, mais seulement un témoin. Brusquement le tableau de ce printemps triomphant s'estompe. Florus est revenu à lui-même. Il a mesuré le contraste entre les jeunes forces printanières et sa propre faiblesse. Il lui échappe un cri nostalgique (2) : va-t-il sentir monter en lui la sève de l'espérance ? Ou va-t-il payer la rançon des années perdues ? Le poème s'achèverait sur une note déprimante sans une dernière reprise du refrain.

On voit combien on est loin d'un « aimable désordre ». La pensée se développe selon un plan harmonieux. Cela ne veut pas dire un plan géométrique. Il arrive au poète de musarder en cours de route. Visiblement, il s'attarde à la description de la rose. Il lui arrive de préluder discrètement à un motif développé plus loin : le *casas uirentis de flagello myrteo* du vers 6 et le *gemmis purpurantem pingit annum floridis* du vers 13 préparent l'évocation décorative de la fête :

Floreas *inter coronas*, myrteas *inter* casas (v. 44).

Ce léger papillotage introduit un brin de fantaisie dans l'unité du poème. Il lui donne cette allure délicieuse de caprice poétique. Mais ne soyons pas dupe : le poète sait où il veut en venir. Rien n'est plus heureux à cet égard que la revue des *uirtutes* de Vénus présentée sous forme de miniatures : il a su éviter la sécheresse d'une nomenclature par une savante combinaison de l'ordre et de la variété.

(1) C'est ici que Trotzki (*o. c.* p. 343) a raison de souligner que l'ordre « déesse cosmique-déesse romaine », se retrouve dans Stace *Sil.* I, 2, 185 sq. :

« .... ipsum in conubia Terrae
Aethera, cum pluuiis rarescunt nubila, soluo.
Sic rerum series mundique reuertitur aetas.
Vnde nouum Troiae decus ardentumque deorum
Raptorem, Phrygio si non ego iuncta marito,
Lydius unde meos iterasset Thybris Iulos ? »

J'ajouterais que Lucrèce suit l'ordre inverse dans l'exorde fameux de son premier chant : *L'Aeneadum genetrix* passe avant l'*alma Venus*.

(2) TROTZKI (*o. c.* p. 350) prétend reconnaître ici un lieu commun ; il rapproche le vers de Méléagre (*Anth. Palat.*, IX, n° 363, v. 23) :

πῶς οὐ χρὴ καὶ ἀοιδὸν ἐν εἴαρι καλὸν ἀεῖσαι ;

Mais, si lieu commun il y a, le rapprochement même de ce passage, souligne l'originalité de notre poète, qui est double : *a*) la tradition l'invitait à s'associer à l'allégresse générale. Il se réfugie dans le silence ; *b*) il crée un sens symbolique du mot printemps :

« quando *uer* uenit *meum* ? »

IV

LES THÈMES ET LES MOTIFS

Le Printemps. Le printemps est le thème permanent du poème. Encore s'agit-il de déterminer sa fonction poétique. L'exclamation initiale semble accumuler, au hasard, dans l'allégresse du rythme, diverses notations printanières. En fait, celles-ci s'ordonnent comme les harmoniques d'une note fondamentale. Leur résonance se prolonge : elles reparaîtront successivement dans le poème.

Ver nouum, c'est la note d'attaque : voici le *jeune* printemps. Jeune, il l'est au mois d'avril ; si nous doutions de la propriété du terme, une glose de Servius nous renseignerait à propos (1). Et voici les harmoniques : le printemps mélodieux (*canorum,* v. 2), que reprendra le chant des oiseaux (v. 84-88) ; la naissance du monde (*natus orbis est,* v. 2) qui sera rappelée au vers 59 ; les accords d'amour (*concordant amores*), en particulier l'hymen des oiseaux (v. 3), qui trouvera son pendant dans la paix conjugale des autres animaux (v. 81-83) ; l'épanouissement de la végétation (*nemus comam resoluit,* v. 4), qui reviendra à deux reprises, avec la floraison de la rose (v. 21), avec la fécondation des champs (v. 76). Le printemps sert en somme de thème décoratif à tout le poème. De distance en distance affleure une harmonique pour rappeler la toile de fond musicale.

Pour ce faire, le poète a utilisé les données traditionnelles. Elles lui ont permis d'atteindre l'effet d'évocation maximum avec le minimum de moyens. Chaque mot fait tache d'huile, se nimbe pour ainsi dire de toute la tradition littéraire.

Quels sont les tenants de cette tradition ? On a pu

---

(1) Seruius *ad Verg. Georg.* I, 43 : « (menses) ipsorum temporum talem faciunt discretionem ut primo mense ueris *nouum* dicatur *uer,* secundo adultum, tertio praeceps ».

soutenir que plusieurs éléments descriptifs se trouvent déjà dans une pièce de Méléagre (1). La concordance porterait sur les points suivants : la chevelure de la végétation, *comam* (v. 4) — χόμαι (Méléagre, v. 19) ; la pourpre du printemps, *purpurantem ...annum* (v. 13) — πορφυρέη ...εἴαρος ὥρη (Méléagre, v. 2) ; l'épanouissement de la rose, *Peruigilium* (v. 15-21) — ἀνοιγομένοιο ῥόδοιο (Méléagre, v. 6) ; le chant de l'hirondelle, du cygne, du rossignol, *Peruigilium* (v. 84 sq.) — Méléagre (v. 16-18).

Ces rapprochements de l'Anthologie grecque sont incontestables. Mais il est peut-être *inutile* de remonter à la source grecque : tous ces éléments sont incorporés depuis longtemps dans le patrimoine classique latin. La métaphore *nemus comam resoluit* dérive en droite ligne de l'expression horatienne *coma nemorum* (2) ; la pourpre du printemps brille souvent dans la poésie des classiques : *uere rubenti*, chez Virgile (3), *purpureo uere*, chez Tibulle, *uer purpureum*, chez Columelle. La floraison de la rose est un thème favori des poètes latins. Quant au chant de l'hirondelle et du rossignol, il retentit maintes fois dans l'élégie romaine. Rappellerons-nous enfin que le « cygne au chant rauque » doit au seul Virgile (4) sa voix mélodieuse ?

On peut aller plus loin ; partout les motifs descriptifs rappellent le souvenir des poètes romains antérieurs : Virgile, Ovide, Stace (5). Les vers 59-63 sont une reprise du passage fameux de Virgile (6) :

> *Tum pater omnipotens fecundis imbribus Aether*
> *Coniugis in gremium laetae descendit et omnis*
> *Magnus alit magno commixtus corpore fetus.*

...et nous savons que Virgile, lui-même, est tributaire de Lucrèce (7).

Il ne faut donc pas chercher l'originalité du poète dans les éléments, mais dans leur mise en œuvre. Il est remar-

---

(1) TROTZKI *o. c.* p. 349. Les vers de Méléagre sont cités par cet auteur (Méléagre, *Anth. Palat.* IX, n° 363).
(2) Horace *C.* I, 21, 5.
(3) Virg. *Georg.* II, 319 ; Tibulle III, 5,4 ; Columelle *R. R.* X, 256.
(4) Cf. appendice explicatif *s. u.* cycni v. 85.
(5) Pour Ovide : surtout *Fast.* v. 125 sq. Pour Stace : surtout *Sil.* II, I, 183 sq.
(6) Virg. *Georg.* II, 325 sq.
(7) Lucrèce I, 250 sq.

quable que les détails descriptifs n'ont été retenus que
dans la mesure où ils servent le but du poète. Cet hymne
printanier est avant tout une exaltation de Vénus. Aussi
chaque motif trouve-t-il sa référence dernière dans l'action
de la déesse.

S'agit-il de la naissance du monde ? Elle est placée sous
les auspices de la déesse (1). De la mélodie des oiseaux ?
Elle s'élève sur l'ordre de la déesse. De la floraison végé-
tale ? Elle s'accomplit sous l'impulsion de la déesse. De
la saison des amours ? Elle s'ouvre sur l'appel impérieux
de la déesse. Les reprises de *ipsa* scandent cette puissance
souveraine au cours de toute la pièce.

Ce souci de l'ordonnance a engagé le poète à exclure tout
motif extérieur à l'inspiration générale. Ainsi, l'allusion
conventionnelle à la reprise de la navigation est absente,
parce qu'elle ne cadre pas avec le dessein principal : la
célébration de la puissance printanière de Vénus. Il est
curieux de noter qu'Ovide n'a pas su sacrifier cet épisode
dans son hymne à Vénus ; ses « poupes recourbées »
viennent, on ne sait trop pourquoi, interrompre le développement de la floraison printanière (2). A cet égard, la
palme appartient à Florus qui n'a pas cédé à la tentation
du pittoresque gratuit (3). En bref, le printemps fournit
le thème d'accompagnement au poème. Voilà pourquoi
l'utilisation d'éléments traditionnels, loin d'être une
faiblesse, sert la pensée profonde du poète. Sur ce thème
mineur, modulé en notes familières à l'oreille, se détachera
avec plus de vigueur le thème principal : le chant de
gloire en l'honneur de Vénus.

Vénus.   Il ne faudrait pas être dupe
                         des mots : le printemps a beau
précéder Vénus dans le poème, les deux thèmes sont loin
d'être sur un plan d'égalité. Le printemps n'a même plus
le caractère d'une *personne* qu'il garde chez Lucrèce (4) :

              « It *Ver* et Venus... ».

(1) Cf. p. XL.
(2) Ovide, *Fast.* IV, 131.
(3) Trotzki (*o. c.* p. 353) signale de son côté, en faveur du poète,
l'absence du motif marin dans le *Peruigilium* ; il ne fait pas le rapprochement avec Ovide ; cette confrontation accuse encore mieux, à
notre sens, le mérite de la sobriété de Florus.
(4) Lucrèce V, 735.

Il ne sert que de cadre somptueux au règne de Vénus.

L'apparition de la déesse dans ce décor est toute picturale : les deux attitudes de tresser des myrtes, de trôner avec majesté, suggèrent, dès l'abord, une vision de grâce, digne de Botticelli. Ce parti pris descriptif persiste dans toute la première partie du poème, à la manière d'une broderie autour de l'annonce de la naissance miraculeuse. Et celle-ci ne se traduit-elle pas, elle-même, en une vision picturale de l'Anadyomène ? De même, la venue des fleurs a surtout un intérêt descriptif, bien qu'elle illustre, en un sens, l'action de Vénus : la complaisance de la description trahit ce souci décoratif. — La deuxième partie marque les étapes de la glorification rituelle de la déesse. Elle, aussi, aboutit à une glorification essentiellement plastique, puisque les yeux s'arrêtent sur la vision des assises solennelles de la déesse. — Alors, le poète peut chanter, dans sa troisième partie, la puissance de la déesse dans une sorte de litanie de ses *uirtutes*. Il ne s'agit plus de la description de la déesse, mais de son interprétation religieuse. Il ne faudra pas perdre de vue ce double souci de l'ornementation et de l'interprétation. Faute de quoi, on risque d'attribuer au poète des disparates... imaginaires.

Tout d'abord, ne nous laissons pas surprendre par la variété des noms propres de la déesse. Ce serait une erreur que de voir dans l'emploi de Dioné et de Vénus, une tentative de synthèse entre deux systèmes mythologiques de dates différentes (1). L'assimilation *Venus = Dione* est courante dans la poésie latine (2). Si le poète emploie plus souvent *Dione* (v. 7, 11, 47, 77) que *Venus* (titre, v. 37, 76), il est peut-être sollicité par les exigences métriques (*Dĭōnē* s'accommode plus aisément au septénaire trochaïque que *Vĕnŭs*). S'il écrit *Cypris* (restitution presque sûre du v. 23), il est guidé par l'épithète consacrée par la légende en question (3).

(1) CLEMENTI suggère cette interprétation : *o. c.* p. 72.
(2) « Sacra *Dionaeae matri* diuisque ferebam », dit Énée : Virg. *Aen.* III, 19. Cf. Appendice explicatif : *s. u.* Dione v. 7.
(3) Cf. *De Rosa* in Riese. *Ant. Lat.* nº 85 :
   « ....aut sentibus haesit
   Cypris et hic spinis insedit acutis. »
Cf. *De laude rosae centumfoliae*, *ibid.*, nº 366 :
   « Sed si centum foliis rosa *Cypridis* extat
   Fluxit in hanc omni sanguine tota Venus. »

C'est qu'il ne se fait pas faute de puiser dans les traditions de la légende hellénique. Vénus est la mère de l'Amour-Enfant (v. 55, 77) ; elle est entourée de la cour des Grâces (v. 50) ; elle commande au chœur des Nymphes (v. 28, v. 55) ; elle a coloré la rose de son sang (v. 23). Tous ces traits sont inspirés par le souci décoratif. Et quand il s'agit d'orner, le poète prend son bien partout. À cette époque, les esprits sont trop familiarisés avec la légende hellénique, les yeux, trop fascinés par la statuaire grecque, pour qu'il ne recoure pas *spontanément* aux prestiges de l'hellénisme. Mais la légende de la naissance, empruntée à la théogonie d'Hésiode, si grande que soit sa valeur plastique, n'est-elle pas étrange dans le développement ? N'y a-t-il pas là une disparate ?

À première vue, la généalogie hésiodique de la Vénus Romaine ne manque pas de surprendre (1). Mais suivons la pensée du poète : Vénus est d'abord la déesse cosmique de la procréation, elle rappelle la Vénus de Lucrèce par sa puissance et par son règne. Toutefois, la strophe du *Peruigilium* diffère de l'exorde de Lucrèce par un langage de caractère plus philosophique (2). Ce n'est pas un hasard si l'expression *permeans spiritus* est une traduction de la formule stoïcienne τὸ διῆκον διὰ πάντων πνεῦμα (3). Toute la strophe est imprégnée de philosophie

---

(1) Sans doute, on peut déceler sa trace dans un vers des *Annales* (v. 52) : mais Ennius passe sous silence l'histoire sanglante de la mutilation d'Οὐρανός pour ne retenir que la naissance marine : « Te sale nata, precor, Venus, te genetrix patris nostri. » (C'est Ilia qui parle.) Les poètes latins de l'âge classique sont encore plus discrets : le motif de la naissance marine est absent chez Lucrèce ; s'il apparaît chez Catulle (36, 11 sq.), il ne concerne pas la Mère des Enéades, mais la Vénus orientale. — L'art a dû favoriser la combinaison de la légende romaine avec le mythe grec : Auguste n'avait-il pas fait placer dans le sanctuaire de *Venus Genetrix*, élevé au Forum de César, un tableau d'Apelle qui représentait Vénus Anadyomène sortant de la mer ? (Cf. Pline *N. H.* 35, § 91.)

(2) Comparer les vers 63-67 du *Peruigilium* :

> « Ipsa uenas atque mentem *permeanti spiritu*
> Intus *occultis* gubernat procreatrix *uiribus.*
> *Peruium sui tenorem seminali tramite*
> Inbuit iussitque mundum nosse nascendi uias. »

et les vers 17-20 du *de Rerum Natura*, I :

> « Denique per maria ac montis fluviosque rapacis
> Frondiferasque domos auium camposque uirentis,
> Omnibus incutiens blandum per pectora amorem,
> Efficis ut cupide generatim saecla propagent. »

(3) Cf. p. xxvii.

stoïcienne. Le souffle pénétrant de Vénus rappelle singulièrement la vivifiante « nature ignée » de Zénon : *Zeno igitur naturam ita definit ut eam dicat ignem esse artificiosum* AD GIGNENDUM PROGREDIENTEM VIA (1). Or les philosophes stoïciens étaient loin de rejeter les fables grecques ; ils excellaient, au contraire, à les interprétrer d'une manière symbolique, *per quamdam significationem* (2), pour extraire du mythe la signification rationnelle. A leur avis, les fables hésiodiques renferment une théorie physique qui ne manque pas de beauté (3). Ainsi s'explique la mutilation de *Caelus* (Οὐρανός) par *Saturnus* (Κρόνος), *exsectum Caelum a filio Saturno* : elle fait évidemment allusion *au principe igné spirituel, capable d'animer le monde,* par sa seule énergie, sans l'office d'un organe de reproduction : *caelestem enim altissimam aetheriamque naturam, id est igneam, quae per sese omnia gigneret, uacare uoluerunt ea parte corporis, quae coniunctione alterius egeret ad procreandum* (4).

La combinaison de ce principe igné avec l'élément humide est à l'origine de toute vie : c'est là un dogme philosophique pour les Anciens (5). Dès lors, la naissance miraculeuse de Vénus devient un symbole transparent : la déesse dispensatrice de Vie réunit en elle-même les principes constitutifs de la vie. On comprend, également, pourquoi l'auteur a adopté la version hésiodique de la naissance de Vénus en tête du poème : elle préparait pour ainsi dire l'interprétation philosophique de la suite, le rôle cosmique de Vénus. S'il était besoin d'une confirmation, celle-ci serait donnée par Varron. Dans un texte formel (6), il dégage le sens du mythe poétique de Vénus née de la semence céleste mêlée à l'écume marine : c'est, dit-il, un symbole « pour faire entendre que la *puissance de Vénus consiste dans l'union du feu et de l'eau* » : *poetae*

---

(1) Cicéron *N. D.* II, 20, 57. Cf. Diog. Laert. VII, 156 : τὴν μὲν φύσιν εἶναι πῦρ τεχνικὸν ὁδῷ βαδίζον εἰς γένεσιν.
(2) Cicéron, *Ib.* I, 14.
(3) « *Physica ratio non inelegans inclusa est in impias fabulas.* » (Cic. *N. D.* II, 24, 64.)
(4) *Ibid.* II, 24.
(5) Cf. Varron, *L. L.* V, 61 *(ed. Goetz Schoell)* : « causa nascendi duplex : *ignis et aqua* ». Cf. Ovide, *F.* IV, 791 sq. (parlant du feu et de l'eau) :
  « ...in *his* uitae causa est ; *haec* perdidit exsul ;
  His noua fit coniux... »
(6) Varron, *L. L.* V, 63.

*de Caelo quod semen igneum cecidisse dicunt in mare ac
natam e spumis Venerem, coniunctione ignis et humoris,
quam habent uim significant esse Ve⟨ne⟩ris.*

Toutefois, si les vers du poète empruntent le langage
philosophique, sa conception diffère en un point capital
de la doctrine de l'Ecole. Les Stoïciens déifiaient le principe igné (1) ; ils enlevaient, en somme, le caractère divin
à la personnalité mythique pour le reporter sur le principe physique organisateur : ...τὴν Ἀφροδείτην, (δ)υνάμιν
οὖσαν συνα(κ)τὴν οἰκε(ί)ως τῶν μερῶ(ν) πρὸ(ς ἄ)λλη)λα (2). Notre
poète est à l'opposé de cette attitude : le souffle vivi-
fiant n'est pas pour lui une entité divine, mais une éma-
nation de Vénus (3). Vénus est loin de se confondre avec
un principe abstrait de physique. Aussi bien l'aspect
cosmique, si important soit-il, n'épuise pas sa personnalité.

Adoptant le même ordre que Stace (4), le poète passe
directement à l'aspect romain de Vénus. A la place de
la simple salutation lucrétienne *Aeneadum genetrix,*
s'esquisse une miniature historique. L'action visible
de la protectrice de Rome s'étend depuis l'exode troyen
jusqu'à l'avènement des Césars Juliens. Ovide (5) s'était

---

(1) « Zenoni et reliquis fere Stoicis aether uidetur summus deus,
mente praeditus, qua omnia regantur. » (Cicer. *Acad.* pr. II, 126 *cité
par* von Arnim *St. Veter. Fr.* I, § 154.)

(2) *In* Philodemus Περὶ εὐσεβείας c. 8 *cité par* von ARNIM *St. Vet.
Fr.* I, § 168. — Diels a attribué avec vraisemblance ce fragment à
Zénon (*l. l.*). — Cf. Cicer. *N. D.* 1, 36 : « Cum uero Hesiodi Theogoniam
interpretatur (Zeno), *tollit omnino usitatas perceptasque cognitiones
deorum* ; neque enim Iouem neque Vestam neque quemquam, qui ita
appelletur, in deorum habet numero, sed *rebus inanimis atque mutis*
per quandam significationem haec docet tributa nomina. »

(3) Il est curieux de rapprocher à cet égard un passage de Virgile
où la similitude de l'expression ne doit pas faire illusion sur la différence de conception. C'est l'exposé célèbre [d'Anchise (*Aen.* VI,
724-727) :

    « Principio *caelum ac terras camposque liquentis*
      Lucentemque globum lunae Titaniaque astra
      Spiritus intus alit, totamque infusa per artus
      Mens agitat molem et magno se corpore miscet. »

L'exposé de Virgile respecte l'orthodoxie du système philosophique.
Florus, adaptant en toute liberté, revendique la puissance créatrice
pour la déesse (v. 63 sq.) :

    « IPSA uenas atque mentem permeanti *spiritu*
      Intus occultis gubernat procreatrix uiribus... »

(4) Cf. p. XLIII, note 1.

(5) Ovide *Fast.* IV, 123-4, cf. appendice explicatif, vers 69-74.

servi du même compas temporel dans un distique qui enjambe les événements intermédiaires :

Assaracique nurus dicta est, ut scilicet olim
Magnus Iulaeos Caesar haberet auos.

Il faut d'ailleurs noter que le rôle romain de la déesse se manifeste surtout par l'heureuse fécondité des unions patronnées par Vénus.

Cette idée de fécondité, sert de fil conducteur à la suite ; elle apparaît dans l'activité rurale de Vénus : la fécondation des champs, les amours des animaux. En complétant le portrait de la déesse par ces traits champêtres, le poète renouait avec une vieille tradition romaine. Est-il besoin de rappeler les noms de Lucrèce, de Virgile, de Columelle (1) pour fixer les jalons de cette veine poétique qui illustre, à Rome, le rôle rural de Vénus ? (2)

Il importe, enfin, de noter que parmi tant d'amours célébrées sous les auspices de Vénus — noces de l'Ether avec la Terre, union « conjugale » des animaux, mariage des oiseaux, hymén de la rose — les amours humaines occupent la place la plus restreinte. On dirait même que, sauf dans la strophe historique, elles n'interviennent que pour prêter leur cérémonial rituel au reste de l'univers. Dans cet éclairage poétique, l'hymen devient une formule univoque, applicable à toute la création : il unit aussi bien l'Ether et la Terre que les oiseaux, mâles et femelles. Vue grandiose, en définitive. L'*amorum Copulatrix* du poème a échappé entièrement aux mièvreries alexandrines ; quand on songe à l'envahissement, sous l'empire, de la frivolité dans la poésie élégiaque, ce résultat tiendrait du miracle, s'il ne révélait l'inspiration d'une tradition vénérable (3).

---

(1) Lucrèce I, 10-20 ; Virgile, *Géorg.* II, 328-331. Nous citons les vers de Columelle, moins familiers au lecteur :
X, 197 sq. :
   « Nunc amor ad coitus properat, nunc spiritus orbis
   Bacchatur *Veneri* stimulisque cupidinis actus
   Ipse suos adamat partus et fetibus implet. »
X, 286 :
   « Iamque *Dionaeis* redimitur floribus hortus... »

(2) Trotzki (*o. c.* p. 362) a insisté avec raison sur cet aspect du poème.

(3) Cette tradition ne s'est jamais perdue : on a trop tendance à croire que, sous l'empire, Vénus a entièrement sombré dans la bana-

On sera peut-être, maintenant, plus à même d'apprécier le dessin général. Sans doute le poète n'a pas renoncé aux embellissements de la fable grecque : il a évoqué les Nymphes et l'Amour. Ces motifs qui sont extérieurs à l'interprétation de la déesse ont un but décoratif. Par contre, il a renoncé aux fadeurs de la galanterie hellénistique.

Ainsi Vénus est doublement Romaine dans le poème, à la fois comme protectrice des Enéades et comme déesse naturaliste. Dès lors, le poète peut énumérer ses titres dans une sorte de litanie : déesse cosmique de la procréation, déesse tutélaire de Rome, déesse des forces végétales, souveraine des animaux et des oiseaux. Il peut même utiliser le mythe hésiodique de la naissance marine : qu'importe, puisque la fable grecque s'efface pour ainsi dire devant le symbole philosophique ? Il ne risque pas de s'égarer dans une juxtaposition de traditions hétérogènes, encore moins de tomber dans une énumération pluraliste qui admettrait, par exemple, quatre Vénus sur le modèle de quatre fables différentes (1). Il a le sentiment profond de l'unité foncière de la déesse : tous ses traits dessinent la personnalité de la Vénus romaine.

LES MOTIFS.

Si les thèmes se dégagent avec netteté du poème, il semble plus artificiel de vouloir isoler les motifs. Ces derniers sont liés d'une manière étroite aux thèmes principaux. A disjoindre le lien, on risque de se méprendre sur leur valeur. Ainsi, la rose appartient à la floraison du printemps ; l'Amour-Enfant, au cortège de Vénus. Toutefois, l'importance plus ou moins grande que le poète leur a accordée, mérite une étude spéciale.

---

lité érotique. Au Ier siècle de notre ère, Pline l'Ancien atteste la survivance de la doctrine cosmique de Lucrèce, dans son passage sur la planète de Vénus (*Hist. Nat.* II, § 38) : « Sa propriété est de tout engendrer sur terre. Car, à son lever du matin comme à son lever du soir, elle répand une rosée féconde qui, non seulement fertilise la terre, mais encore stimule la fécondation de tous les animaux. »

(1) Cf. Cicéron *N. D.* II, 22.

L'Amour.   Vénus n'apparaît pas seule dans la plaine de l'Etna. Il convenait de faire visiter la terre printanière à d'autres dieux, pour faire honneur à la déesse. Aussi, le poète évoque-t-il, par des allusions éparses, Diane, Cérès, Bacchus, Apollon. Il suggère la cour des Grâces, le cortège des Nymphes. Mais ce ne sont là que visions fugitives. C'est le petit Amour qui tient la place la plus grande. Il entre en scène dans le cortège des Nymphes ; c'est l'enfant terrible, le fripon réputé pour ses méfaits. Attention ! Nymphes, prenez garde ! Toute la description répond à la tradition alexandrine. L'Amour est ailé, il porte, à l'ordinaire, arc, flèches, et torche (v. 33) ; il est redoutable, avec ou sans armes (1). Cupidon a reçu l'ordre de déposer ses armes pour la Veillée de Vénus. C'est que la fête marque avant tout une trêve. Or la flèche inflige le tourment amoureux à la victime du dieu. Il doit cesser le jeu ; car Vénus vient apporter l'apaisement de l'entente amoureuse : *concordant amores*. Tel est l'effet de contraste que le poète a tiré de la présence de Cupidon auprès de Vénus.

Notons que l'idée de dépouiller l'Amour de ses armes ne lui est pas propre. Tibulle s'écriait déjà dans son invocation au petit dieu (2) :

> *Sancte, ueni dapibus festis*, sed pone sagittas
> *Et procul ardentes hinc, precor, abde faces.*

Il s'agissait également d'une cérémonie religieuse : la fête des champs. Dans notre poème, la trêve de l'Amour fait pendant à une autre trêve : le tourment des humains doit cesser comme le carnage des bêtes. Vénus veut la concorde générale : Paix aux hommes, paix aux animaux !

Si on a enlevé les armes à l'Amour-Enfant, on lui a laissé son humeur polissonne. Le poète s'est bien gardé de le priver de sa malice alexandrine ; au contraire il s'amuse à souligner son espièglerie. Ainsi il introduit une note enjouée dans la scène.

Toutefois l'Amour présente un autre aspect qui est

---

(1) Cf. Méléagre, *Ant. Pal.* V, 179, 1 sq. : (*cité par* Trotzki *o. c.*, p. 360)

Ναὶ τὰν Κύπριν, Ἔρως, φλέξω τὰ σὰ πάντα πυρώσας,
    τόξα τε καὶ Σκυθικὴν ἰοδόκον φαρέτρην.

(2) Tibulle II, I, 81 sq.

étranger à la tradition hellénistique : Vénus, nous dit-on, l'a mis au monde à la campagne ; elle l'a nourri de fleurs. Seule, la tradition latine, transmise par Tibulle, nous fournit ici un parallèle précis (1) :

> *Ipse quoque* inter agros *interque armenta Cupido*
> Natus *et indomitas* dicitur *inter equas.*

Par cette qualité, l'Amour se rattache plus étroitement à la Vénus naturaliste du poème ; il apparaît, si l'on peut dire, d'une manière plus légitime, le fils de Dioné, de la Dioné du poème (2).

Le poète a su réaliser une contamination heureuse entre la tradition hellénistique et la tradition rurale romaine. Mais, alors que la personnalité romaine de Vénus tranche sur les ornements de la fable hellénique, ici, c'est le contraire. L'Amour nous apparaît surtout sous la figure alexandrine d'un lutin turbulent. Aussi bien ne s'agissait-il que d'agrémenter l'évolution des Nymphes. L'Amour joue ici à peu près le même rôle que dans la description picturale de Lucrèce (3) :

> *It Ver et Venus et* Veneris praenuntius *ante*
> *Pennatus graditur...*

C'est avant tout un motif décoratif.

La Rose. Dans le choix des motifs empruntés à la nature, le poète fait preuve de beaucoup d'éclectisme. Il a d'abord utilisé les données traditionnelles. S'agit-il d'évoquer la paix des pâturages ? Il cite les taureaux et les brebis, exemples classiques. Il fait chanter le rossignol et l'hirondelle, suivant une habitude constante en poésie. Mais il s'est réservé une part originale dans la description de la rose.

(1) Tibulle II, I, 67 sq. — La suite du poème de Tibulle précise la tradition rurale de Cupidon : on l'invoque pour le bien-être du bétail :
« Vos celebrem cantate deum *pecorique uocate*
Voce ; palam pecori, clam sibi quisque uocet »
(*Ib.* II, I, 83 sq.)
(2) On peut dire que l'expression « pueri mater *alitis* » (v. 55) incline dans le sens hellénistique, et l'expression « puer Dionae *rure* natus dicitur » (v. 77) dans le sens naturaliste.
(3) Lucrèce V, 731 sq.

Fort habilement, il ne décrit pas la fleur formée. Mais il la fait naître, sous la brise du Zéphyre, pour suivre les phases principales de son existence. Elle émerge de la pourpre de la floraison printanière, se gonfle en nœud, s'épanouit sous la rosée matinale. Sans doute Vénus préside discrètement à l'évolution de sa fleur de prédilection, puisqu'elle hâte l'inflorescence, répand la rosée maritale, qui joue à l'égard de la rose le même rôle que les *mariti imbres* à l'égard de la « chevelure du bois ». Mais la précision de la peinture est telle qu'elle n'a rien à envier à la description du naturaliste Pline : « La rose est d'abord un bourgeon enfermé dans une écorce grenue. Celle-ci ne tarde pas à se gonfler et à pointer en cône vert ; la fleur rougit peu à peu, s'entr'ouvre et s'épanouit autour des filaments jaunes qui se dressent au centre de son calice. (1) »

Notons que le poète, comme Pline, imagine d'instinct la rose avec une corolle rouge. Il n'a donc pas adopté cette couleur par amour du trait (le rouge de la pudeur virginale) ou par goût mythologique (le rouge du sang de Vénus). Il se conforme simplement à la tradition romaine qui, partout, marque sa préférence pour la rose purpurine :

> *rosa... clarior ostro* (2).

Il ne lui suffit pas de mettre une touche de pourpre ; voici que, pour faire jouer, sous nos yeux, toute la gamme de ses nuances, il s'abandonne à une sorte de variation chromatique :

> *Facta Cypridis de cruore deque Amoris osculis*
> *Deque gemmis deque flammis deque solis purpuris* (3)

---

(1) Pline *N. H.* XXI, 14 « Germinat omnis primo inclusa granoso cortice, quo mox intumescente et in uirides alabastros fastigato, paulatim rubescens dehiscit ac sese pandit, in calicis medio sui stantes complexa luteos apices. »

(2) COLUMELLE, *R. R.* X, 287.

(3) Ces vers se rapprochent beaucoup d'une épigramme de l'Anthologie *De Rosa* (RIESE, *Ant. Lat.*, n° 85) :

> « *Aut hoc risit Amor,* aut hoc de pectine traxit
> *Purpureis Aurora comis,* aut sentibus haesit
> *Cypris* et hic spinis insedit *sanguis* acutis. »

La Rose : « Peut-être est-elle un sourire de l'Amour, peut-être, en se peignant, l'Aurore l'a-t-elle tirée de la pourpre de ses cheveux, peut-être Cypris s'est-elle prise aux ronces et une goutte de sang s'est-elle posée sur l'épine piquante. »

On dirait l'esquisse d'une... symphonie en rouge majeur (1).

Mais il fait mieux que céder à une virtuosité descriptive ; par un jeu subtil d'allusions, il évoque le cérémonial du mariage à travers les phases de la floraison. On a déjà noté le procédé stylistique (2) ; on voudrait approfondir à présent les correspondances.

Les poètes comparaient volontiers la jeune fille à une fleur dans les épithalames. Un Catulle atteint parfois, à cet égard, une grâce digne du *Cantique des Cantiques* :

> *Floridis uelut enitens*
> *Myrtus Asia ramulis...* (3)

« Tel, le myrte d'Asie, dans l'éclat de ses rameaux fleuris... »

Ici, nous avons affaire à la méthode inverse : C'est la rose qui suggère les charmes de la jeune vierge. Encore faut-il ajouter que l'originalité du poète consiste moins dans le détail de la comparaison que dans la courbe heureuse de la métaphore soutenue. Quand Columelle dit :

> *nimium rosa plena* pudoris (4).

ou bien :

Ces suggestions délicates se retrouvent, toutes les trois, sous une forme plus succincte dans le passage du *Peruigilium*. Remarquons que cette épigramme anonyme a été, à son tour, revendiquée pour le compte de Florus : dans sa 1re édition de l'Anthologie (1869), Riese la plaçait ainsi que les épigrammes nos 84 et 86 qui traitent également des roses, sous le nom de Florus (avec un point d'interrogation). E. K. RAND (*Rev. Et. Lat.* XII (1934), « *Sur le Peruigilium Veneris* », p. 94) faisait observer, d'autre part, l'emploi de la préposition *de* dans l'expression *de pectine*, qui rappelle une tendance propre à l'auteur du *Peruigilium*. Le souci de la rigueur démonstrative nous a fait renoncer, page XXIX, à verser purement et simplement cette épigramme au dossier de Florus. Mais les concordances sont trop nombreuses pour ne pas incliner notre esprit dans ce sens.

(1) ...à la manière de « Symphonie en blanc majeur » de Théophile GAUTIER.

(2) Cf. Etude littéraire, p. XX-XXI.

(3) Catulle LXI, 21 sq. Cf. *id.* LXI, 192 sq. :
    « Uxor in thalamo est tibi
    Ore *floridulo* nitens ».
Id. XVII, 14 : « Cui cum sit *uiridissimo* nupta *flore* puella ».

(4) COLUMELLE, *R. R.* X, 102.

...*et* ingenuo confusa rubore
Virgineas adaperta genas rosa praebet honores (1).

ces traits épars relèvent de la préciosité. Florus, par contre,
ménage avec un art savant les transitions. Ainsi *surgentes
papillas de Fauoni spiritu* et *nodos tumentes* adhèrent
encore fortement au sens propre de l'expression, bien que
le sens figuré se prépare sous le substantif *papillas* et sous
le participe *tumentes* (2). Puis, le poète insinue l'équivalence « rougeur = pudeur » : *pudorem florulentae prodiderunt purpurae*. Alors *uirgineas papillas* prend délibé-
rément le sens métaphorique. Enfin, l'assimilation devient
complète : *udae uirgines... rosae*. Les roses sont jeunes
filles.

Pour montrer à quel raffinement est poussé cet art
des correspondances, on gagnera à comparer Florus
parlant de la rose dans le *Peruigilium* et Catulle parlant
de la jeune fille dans l'*Epithalame de Julie et de
Manlius* (3).

La pudeur est pour ainsi dire une manifestation rituelle
des cérémonies nuptiales. Elle fait hésiter la jeune fille,
comme elle semble retarder l'épanouissement de la rose :

CATULLE, 83 : *Tardat ingenuus* pudor.
FLOR., 19 : *En* pudorem *florulentae prodiderunt purpurae.*

Les larmes perlent aux yeux de la vierge comme sur
les pétales de la rose :

CATULLE, 85 : Flet, *quod ire necesse est.*
              Flere *desine..........*
FLOR., 17 : *Et micant* lacrimae *trementes de caduco pondere.*
    22 : .... udae *uirgines... rosae.*

Jeune fille et rose portent le même voile, couleur de
flamme :

CATULLE, 122 : Flammeum *uideo uenire.*
FLORUS, 25 : *Cras ruborem qui latebat* ueste ignea.

---

(1) *Ibid.* X, 260 sq.
(2) *Papilla :* cf. p. XXI. — *Tumentes :* ce mot évoque la montée de
la sève printanière et peut s'employer au sens figuré : cf. Tibulle I, 8,
39-40 : « At Venus inueniet puero succumbere furtim, | Dum *tumet...* »
Cf. Stace *Theb.* II, 204 : « Deiphilen, *tumida iam uirginitate.* »
(3) Catulle, LXI, *passim.*

Leur grâce secrète porte le même nom, *papilla* :

CATULLE, 101-105 : *Non tuus*.........
                    ... *uir*..........
                    A tuis teneris uolet
                    Secubare papillis.

FLORUS, 21 : *Mane uirgineas* papillas *soluit umenti peplo.*

Enfin, elles s'abandonnent à l'hymen dans un geste
identique :

CATULLE, 52 : ....*uirgines*
                    Zonula soluunt *sinus.*
FLORUS, 26 : ....*ruborem*.................
                    Vnico marita uoto non pudebit soluere.

Ces correspondances sont trop nombreuses pour pou-
voir être fortuites. Elles révèlent, avec plus de clarté, le
symbolisme nuptial de la description du *Peruigilium.*
Mais l'admirable, c'est que tous ces détails, que l'analyse
risque de faire ressortir à l'excès, restent intimement
fondus dans la description : ils n'aguichent pas l'œil.
Le poète a su doser description et symbolisme, en respec-
tant leur double exigence. — Que représente, en définitive, l'hymen de la rose ? Se marier, pour elle, c'est se
livrer dans sa « rougeur virginale ». Telle l'épouse prête
à s'offrir dans la *fleur* de son teint :

> *Vxor in thalamo est tibi*
> *Ore* floridulo *nitens* (1),

la rose s'offre à la cueillette, au matin de la floraison.
Ce symbole est devenu cher à la littérature moderne. Nul
n'ignore, depuis le *Roman de la Rose*, que :

« La Rose, c'est d'amours le guerdon gracieux. » (2)

Mais est-ce bien la même rose ? Dans la *Veillée*, elle ne
s'insurge pas contre son destin ; elle ne se défend pas,

---

(1) Catulle, LXI, 192-93.
(2) Dernier vers du sonnet sur le *Roman de la Rose* adressé par
A. de Baïf à Charles IX.

comme *Heidenroeslein*, la rose du *Lied* immortel de Goethe. Elle se donne, pour finir en beauté. Car, si elle n'est pas cueillie au matin, elle meurt dans la journée :

...Pereunt hodie, nisi mane legantur (1).

Pourquoi la petite *Rose des Landes* tient-elle si peu de sa sœur antique ? On n'établit pas impunément des comparaisons, au mépris de la trame du temps : Si la rose du *Peruigilium* est fille docile de Vénus, *Heidenroeslein* revendique une indépendance toute moderne. Que répond-t-elle, quand on la presse ? Elle refuse, elle sort ses... épines :

> « Roeslein sprach : Ich steche dich
> Dass du ewig denkst an mich
> Und ich *will's* nicht leiden. »

Que nous sommes loin de la soumission de la rose antique! Mais ce détour nous ramène au cœur du poème : il jette, par contraste, une lumière plus vive sur son inspiration profonde. Sans doute, la rose du *Peruigilium* fleurit pour la grâce du poème ; mais, ne l'oublions pas, elle fleurit sous la loi de Vénus.

---

(1) Florus, in RIESE, *Ant. Lat.*, n° 87. Cf. l'épigramme n° 84 attribuée à Florus (cf. p. LVI, note), *ibid.* :

« *Ne pereat*, lege mane rosam : cito uirgo senescit. »

V

DESCRIPTION DES MANUSCRITS

Le *codex Salmasianus* (S) (1), à la Bibliothèque nationale de Paris (nº 10.318), tire son nom de Claude de Saumaise, qui le reçut de Jean Lacurne, bailli d'Arnay-le-
Duc (2). Il date de la fin du VIIᵉ siècle ou du VIIIᵉ siècle
après J.-C. Ludwig Traube (3) pensait que le copiste était
espagnol. E. K. Rand (4) inclinait à l'origine espagnole,
non du *Salmasianus* lui-même, mais de son ancêtre
immédiat. En fait, on ne sait rien de précis sur l'origine
et la nature de l'archétype.

Le manuscrit est écrit en belles lettres onciales, sur une
seule colonne. En général les mots ne sont pas séparés ;
mais souvent des points indiquent la césure ou la fin du
vers. Ce manuscrit contient la plus grande partie de
l'*Anthologie Latine*. Cette anthologie a peut-être été
réunie au début du VIᵉ siècle après J.-C. à Carthage. La
littérature latine jetait alors en Afrique son dernier éclat
avec des poètes comme Dracontius et Euxorius, avant
l'invasion des Sarrasins en 697. — Le *Peruigilium* s'étend
de la page 108 à la page 112 du codex. Il est précédé d'une
pièce de Vespa intitulée *Iudicium coci et pistoris iudice
Vulcano* et suivi d'une série de plusieurs *carmina*. Le
titre exact est libellé de la manière suivante : « INCIPIT.

---

(1) Un fac-similé de ce manuscrit a été publié en 1903 par la Bibliothèque Nationale. Paris, imprimerie Berthaud frères, 31, rue de
Bellefond.

(2) Cette indication provient de Saumaise lui-même. Il écrivit en
particulier dans son commentaire sur « *Historiae Augustae* scrip-
tores VI » publié en 1620, à la page 187, C : « Habui uetustissimum
Latinorum epigrammatum codicem mihi a doctissimo Iohanne Lacur-
naeo commodatum, in quo et multa extant nondum edita epigram-
mata, et quae iam edita sunt, longe in eo habentur emendatiora. »
Cf. *id.*, p. 463 F.

(3) In *Philologus* LIV (1895), p. 124-134.

(4) In *Revue des Etudes Latines*, 1934, p. 87.

PER · VIRGILIVM ·, VENERIS · TROCHAICO · METRO · Sunt uero uersus XXII ». La faute du copiste dans le mot PER - VIRGILIVM est soulignée par la présence d'un point entre PER et VIRGILIVM. La deuxième indication précise la métrique du poème, composé en septénaires trochaïques. La dernière mention *sunt uero uersus XXII*, en caractères rouges, a été longtemps mal comprise par beaucoup d'éditeurs. Riese avait donné, dès 1869, dans sa première édition de l'*Anthologie Latine*, la bonne solution. *Versus* a le sens de « poème » et non de « vers » ; le chiffre XXII désigne le groupe de 22 poèmes, qui commence à cet endroit de l'*Anthologie*, avec le *Peruigilium*.

Le *codex Thuaneus* (T), à la Bibliothèque nationale de Paris (n° 8.071) porte le nom de Jacques-Auguste de Thou (1553-1617), qui est inscrit sur le second folio. Il date de la fin du IXe siècle ou du commencement du Xe siècle et comporte 61 folios. Pierre Pithou y découvrit en 1577 le *Peruigilium*. C'est un manuscrit en écriture cursive, sur deux colonnes. — Le poème commence au folio 52 ; il est précédé par la pièce *De Thetide* et suivi de l'épigramme *De lenone uxoris suae*. — Le titre ne figure pas en tête ; mais on lit à la fin « EXPLICIT PER VIRGILIVM VENERIS ». Ce manuscrit diffère par de nombreuses variantes, ainsi que par l'omission d'un vers (40), à la fois du *Salmasianus* et du *Vindobonensis*.

Le *codex Vindobonensis* (V) (1) se trouve à la Bibliothèque nationale de Vienne (n° 9041). C'est un « Sammelmanuscript » qui nous intéresse par 16 folios (de 28 à 43) écrits de la main du poète Jacopo Sannazaro, au début du XVIe siècle. Le *Peruigilium Veneris* figure sur les folios 32-34. Karl Schenkl (2) avait signalé en 1871 ces épigrammes transcrites dans le manuscrit. Riese, dans la seconde édition de son anthologie (1894) s'était borné à une brève mention (3) de cette partie du manuscrit. Il pensait d'ailleurs qu'elle provenait du *codex Thuaneus*. En 1936 seulement, la copie de Sannazaro a été collationnée par Clementi pour sa 3e édition du poème. A la suite d'une étude attentive, l'auteur conclut que V n'a pu être copié

---

(1) Appelé « Codex Sannazarii », par CLEMENTI, *o. c.* p. 42.
(2) Cf. p. XI, note 1.
(3) RIESE, *Ant. Lat.* (1894), p. XXXVII.

ni de S ni de T, mais représente une autorité indépendante. Il considère même V comme plus proche de l'archétype « par la fidélité sinon par la date ». C'est peut-être là une formule excessive, comme on l'a fait remarquer plus haut (1). Il ne nous est en effet plus possible de distinguer le texte primitif des corrections introduites par Sannazaro (2). Nous ne pouvons donc pas nous prononcer avec certitude sur la valeur du manuscrit original qui a fourni la transcription de V.

En bref, les trois manuscrits S, T, V, représentent des états du texte plus ou moins éloignés de l'archétype. Il n'est guère possible de fournir d'autres précisions, sans entrer dans le domaine des hypothèses. Dans ces conditions, il est peut-être vain de vouloir dresser un arbre généalogique (3). En tout état de cause, la tâche de l'éditeur suppose la collation des trois manuscrits et la connaissance de la critique érudite des trois derniers siècles.

Le texte a été établi par une collation des trois manuscrits S, T, V. J'ai pu consulter les manuscrits français à la Bibliothèque nationale ; je me suis servi pour V, du fac-similé reproduit dans l'édition Clementi 1936. Si mon principe constant a été de respecter le texte transmis, dans les limites du possible, je n'ai pas manqué d'avoir recours à la grande tradition humaniste des trois derniers siècles.

J'ai écarté de l'apparat critique toutes les variantes d'écriture ou d'orthographe, sans intérêt pour le sens du texte. Par contre, j'ai retenu les variantes de tous les passages prêtant matière à litige.

L'ordre des vers suit l'ordre même proposé par les trois manuscrits.

(1) Cf. p. XI.
(2) Une partie de ces corrections sont en marge suivies du signe *f*. (sans doute « fiat » = « soit »). Mais rien ne nous dit que Sannazaro s'est abstenu de corriger dans le corps du texte, sans avertissement.
(3) E. K. RAND proposait dans son compte rendu de l'édition CLEMENTI (*Amer. Journ. of Philol.*, 1937, p. 475) le *stemma* suivant :

TABLEAU DES SIGLES

Manuscrits :

S : *Codex Salmasianus :* Bibl. Nat., Paris, nº 10.318; fin viie s. ou viiie s. après J.-C.

T : *Codex Thuaneus :* Bibl. Nat., Paris, nº 8071 ; fin ixe s. ou xe s. après J.-C.

V : *Codex Vindobonensis ;* Bibl. Nat. Vienne, nº 9401 ; xvie s. après J.-C.

Editions ou commentaires :

P. Pithou : *editio princeps* (Paris, 1577).
« Petri Pithoei J.-C. notae in *Peruigilium Veneris* » (1579).

J. Scaliger : Notes manuscrites sur le *Peruigilium,* figurant dans l'*editio princeps.* Cf. H. Omont : « Conjectures de Joseph Scaliger sur le *Peruigilium Veneris* » in *Revue de philologie IX* (1885), p. 124-6.

A. Statius : Notes transcrites sur une copie de l'*editio princeps,* figurant dans le Codex B 106 de la Biblioteca Vallicelliana (Rome), folios 13-16. — Cf. E. Chatelain : « Conjectures d'Achilles Statius sur le *Peruigilium Veneris* », in *Revue de philologie, ibid.*

J. Lipse : « Justi Lipsii Electorum Liber I » (Anvers, 1580), p. 35-46.

J. Dousa maior : Conjectures faites sur un exemplaire de l'*editio princeps,* citées par J. Lipse, *o. c. supra.*

J. Dousa filius : « Catullus, Tibullus, Propertius... notis illustrati a Iano Dousa filio : accessit *Peruigilium Veneris* » (Leyde, 1592).

Claude de Saumaise : « Animadversiones in *Peruigilium* », publiées dans l'édition de P. Scriuerius *o. c. infra.*

P. Scriuerius : « *Peruigilii Veneris* noua editio auctior et emendatior » contenue dans « Dominici Baudii Amores » (Leyde, 1638).

A. Riuinus : « Anonymi sed antiqui tamen poetae elegans et floridum Carmen de Vere, communiter *Peruigilium Veneris* inscriptum... » (Leipzig et Frankfurt a. M., 1644).

N. Heinsius : « P. Ovidii Nasonis Operum tomus tertius » (Amsterdam, 1661), page 412 : note sur le vers 46 du *Peruigilium.*

J. Broukhusius : « Albii Tibulli equitis Romani quae exstant... »
(Amsterdam, 1708). Page 221: conjecture sur le vers 81 du
Peruigilium.

Bouhier : « Lettres de M. le président Bouhier au R. P. Oudin
contenant des remarques sur le *Peruigilium Veneris* », dans
« Nouvelles Littéraires, contenant ce qui se passe de plus
considérable dans la République des Lettres. Tome onzième,
seconde partie : à Amsterdam, chez H. du Sauzet, dans le
Beurs-Steegh, avril, mai, juin 1720 ».
1re lettre, pp. 366-380 ; 2e lettre, pp. 380-392.

Crusius : « Christiani Crusii eloqu. prof. p. ord. in acad. Viteberg :
Probabilia Critica in quibus ueteres Graeci et Latini scrip-
tores emendantur et declarantur » (Leipzig, 1753). Corrections, p. 261-263.

Wernsdorf : « Poetae latini minores : tomus tertius... » (Altenburg,
1782), p. 423-88.

Fr. Ant. Rigler : « Examina Gymnasii Cliuiensis... » (Clèves, 1829).

Buecheler : « *Peruigilium Veneris*, adnotabat et emendabat
Franciscus Buecheler » (Leipzig, 1859).

Th. Bergk : « ...commentatio de *Peruigilio Veneris* » (Halle, 1859).
Dissertation jubilaire en l'honneur de F. Th. Welcker.

J. Trotzki : « Zum *Peruigilium Veneris* », in *Philologus*, 81 (1925-
26), p. 340.

PERVIGILIVM VENERIS

LA VEILLÉE DE VÉNUS

1 Aimez demain, vous qui n'avez jamais aimé ;
 Vous qui avez aimé, aimez encor demain !

Voici le jeune printemps, le printemps mélodieux ; c'est au printemps que le monde est né ; au printemps, s'accordent les amours ; au printemps, s'unissent les oiseaux et la forêt dénoue sa chevelure sous la caresse
5 amoureuse des pluies. C'est demain que la Mère des amours, à l'ombre des arbres, tresse les huttes verdoyantes des ramilles du myrte ; c'est demain qu'énonce ses lois Dioné, trônant avec grâce et majesté.

 Aimez demain, vous qui n'avez jamais aimé ;
 Vous qui avez aimé, aimez encor demain !

A pareil jour l'océan, du sang du ciel mêlé à un flocon
10 d'écume, parmi les troupeaux azurés et les chevaux de mer, a fait surgir Dioné sur l'onde des eaux marines.

 Aimez demain, vous qui n'avez jamais aimé ;
 Vous qui avez aimé, aimez encor demain !

C'est Vénus qui colore l'année de la pourpre de ses perles

PERVIGILIVM VENERIS

Cras amet qui numquam amauit quique amauit cras amet ! 1

Ver nouum, uer iam canorum ; uere natus orbis est,
Vere concordant amores, uere nubunt alites,
Et nemus comam resoluit de maritis imbribus.
Cras amorum Copulatrix inter umbras arborum 5
Implicat casas uirentis de flagello myrteo,
Cras Dione iura dicit fulta sublimi throno.

Cras amet qui numquam amauit quique amauit cras amet !

Tunc cruore de superno spumeo pontus globo
Caerulas inter cateruas inter et bipedes equos 10
Fecit undantem Dionen de marinis imbribus.

Cras amet qui numquam amauit quique amauit cras amet !

Ipsa gemmis purpurantem pingit annum floridis,

INCIPIT · PER · VIRGILIVM · VENERIS · TROCAICO METRO·
S : PERVIGILIVM VENERIS INCIPIT *V* : *omisit T* ‖ 1 amauit
cras *S V* : cras amauit T ‖ 2 uere *S V* : uer *T* ‖ orbis *T V* : iouis *S* ‖
5 amorum *S V* : amorem *T* ‖ 6 casas *Pithou* : gazas *T V* — za *S* ‖ 9 tunc
cruore *S V* : tuno quiuore *T* ‖ superno *Scaliger necnon V* : superbo *S*
superhuc *T* ‖ pontus globo *S V* : pont' de glouo *T* ‖ 11 Dionen :
Dionem *S* Dione *T V* ‖ marinis *Rivinus* : maritis *S T V (e u. 4 fortasse
sumptum)* ‖ 13 gemmis *S V* : gemmas *T* ‖ floridis *Rigler* : florib. *S T*
—ibus *V*.

en fleur ; c'est elle qui presse les boutons, naissant au
15 souffle du zéphyr, de se gonfler en nœuds ; c'est elle qui
répand en gouttelettes la rosée brillante, laissée par la
brise nocturne. Comme elles scintillent, ces larmes, qui
frémissent sous leur poids fléchissant ! La goutte chan-
celante resserre son orbe pour suspendre sa chute.
20 Voyez, la pourpre des fleurs révèle leur pudeur. La
rosée distillée par les astres, au cours des nuits sereines,
dégage, au matin, des plis de leur robe humide, leur
sein virginal. Tel est l'ordre de la déesse : c'est dans
la moiteur matinale que se marient les roses vierges.
Filles du sang de Cypris et des baisers de l'Amour,
filles de la perle, de la flamme, de la pourpre solaire,
demain, répondant au vœu d'un amour unique, elles
25 ne craindront pas de déclore leur pudeur rougissante,
qui se dérobait sous le voile de feu.

Aimez demain, vous qui n'avez jamais aimé ;
Vous qui avez aimé, aimez encor demain !

La déesse a prescrit aux Nymphes de se rendre au bosquet
de myrtes. L'Enfant accompagne les vierges ; mais le
30 moyen de croire à la trêve de l'Amour, s'il porte ses
flèches ! Allez, Nymphes, l'Amour a déposé ses armes,
l'Amour fait trêve ! Il a l'ordre d'aller sans armes, il a
l'ordre d'aller nu, et de ne blesser ni par arc ni par flèche
ni par feu. Cependant, Nymphes, prenez garde : Cupidon
35 est beau : même nu, l'Amour garde toutes ses armes.

Ipsa surgentes papillas de Fauoni spiritu
Vrget in no*d*os *tum*entes ; ipsa roris lucidi, 15
Noctis aura quem relinquit, spargit umentis aquas.
Et mica*n*t lacrimae trementes de caduco pondere :
Gutta praeceps orbe paruo sustinet casus suos.
*E*n pudorem florulentae prodiderunt purpurae :
Vmor ille, quem serenis astra rorant noctibus, 20
Mane uirgineas papillas soluit umenti peplo.
Ipsa iussit mane *ut* u*d*ae uirgines nubant rosae :
Facta *C*ypri*d*is de cruore deque Amoris osculis
Deque gemmis deque flammis deque solis purpuris,
Cras ruborem, qui latebat ueste tectus ignea, 25
Vni*c*o marita *u*oto non pudebit soluere.

Cras amet qui numquam amauit quique amauit cras amet !

Ipsa Nymphas diua luco iussit ire myrteo :
*I*t Puer comes puellis ; nec tamen credi potest
Esse Amorem feriatum, si sagittas uexerit. 30
Ite, Nymphae, posuit arma, feriatus est Amor !
Iussus est inermis ire, nudus ire iussus est,
Neu quid arcu neu sagitta neu quid igne laederet.
Sed tamen, Nymphae, cauete, quod Cupido pulcher est :
Totus est in *a*rmis idem quando nudus est Amor. 35

---

15 nodos *amicus quidam Scriverii* : notos *S* totos *T V* ‖ tumentes
Crusius : pentes *T* penates *S* pen*a*tes *V* tepentes *Lipse* patentes
Wernsdorf, alii alia ; *sed cf.* FLORUS (in *Riese, Ant. Lat.,* n° 87) :
pyramidas nodo maiore tumentes ‖ 16 umentis : humentis *V* tumentis
S T ‖ 17 micant *Lipse* : micanat *S* me — *T V* ‖ 19 en *Bouhier* : in
S T V ‖ 21 umenti *T :* humenti *V* tumenti *S* ‖ 22 mane ut udae *Ach.*
Statius et J. Dousa maior : manet tute *S* mane tuae *T* mane tute
V ‖ 23 Cypridis *Buecheler :* prius *S T V* Paphies *Clementi* ‖ 26 unico
Pithou : unica *S T V* ‖ uoto *Bergk :* noto *S* nodo *T V* ‖ 29 it *Pithou :*
et *S T V* ‖ 32 nudus *V* : nudos *S* durus *T* ‖ 35 in armis *Pithou :*
nermis *S T V*.

Aimez demain, vous qui n'avez jamais aimé ;
Vous qui avez aimé, aimez encor demain !

« Vierges et pudiques comme toi, nous te sommes
envoyées par Vénus ; nous n'avons qu'une prière à
t'adresser : éloigne-toi, Vierge de Délos, épargne au bois
40 le sang des bêtes massacrées. Vénus viendrait elle-
même te prier, si elle pouvait te fléchir, pudique déesse.
Elle voudrait elle-même t'inviter, s'il te convenait de
paraître, ô Vierge. Pendant trois nuits de fête, tu verrais
nos chœurs mêlés aux groupes de la foule, parcourir tes
taillis, sous les guirlandes de fleurs, parmi les huttes de
45 myrtes. Cérès, Bacchus, le dieu des poètes vont être des
nôtres. Allons fêter la nuit entière, allons veiller au chant
des hymnes ! Laisse régner Dioné sur la forêt ! Retire-toi,
Vierge de Délos ! »

Aimez demain, vous qui n'avez jamais aimé ;
Vous qui avez aimé, aimez encor demain !

Vénus a prescrit que son tribunal se dresse parmi les
50 fleurs de l'Hybla. Elle présidera en personne et énoncera
ses lois, assistée des Grâces. Hybla, répands à profusion
tes fleurs, toute la moisson fleurie de l'année ! Hybla,
revêts une robe de fleurs, qui s'étende à toute la plaine
de l'Etna ! Ici viendront les Nymphes des champs, les
Nymphes des monts, toutes, qu'elles habitent les forêts,
55 les bois ou les sources : à toutes, la Mère de l'Enfant ailé
a prescrit la présence ; elle a aussi prescrit à ces Vierges
de se défier de l'Amour, même s'il est nu.

Aimez demain, vous qui n'avez jamais aimé ;
Vous qui avez aimé, aimez encor demain !

Cras amet qui numquam amauit quique amauit cras amet!

« Conpari Venus pudore mittit ad te uirgines :
Vna res est quam rogamus : cede, Virgo Delia,
Vt nemus sit incruentum de ferinis stragibus.
Ipsa uellet *te* rogare, si pudicam flecteret ; 40
Ipsa uellet ut uenires, si deceret uirginem.
Iam tribus choros uideres feriatis noctibus
Congreges inter cateruas ire per saltus tuos
Floreas inter coronas, myrteas inter càsas.
Nec Ceres nec Bacchus absunt nec poetarum deus. 45
Detinen*da* tota nox est, perui*g*landa canticis :
Regnet in siluis Dione ! Tu recede, Delia ! »

Cras amet qui numquam amauit quique amauit cras amet !

Iussit Hyblaeis tribunal stare diua floribus :
Praeses ipsa iura dicet, ads*i*de*b*unt Gratiae. 50
Hybla, totos funde flores, quidquid ann*us* adtulit !
Hybla florum su*me uestem*, quantus Aetnae campus est !
Ruris hic erunt puellae, uel puellae montium,
Quaeque siluas, quaeque lucos, quaeque *f*ontes incolunt :
Iussit omnes adsidere Pueri Mater alitis, 55
Iussit, et nudo, puellas nil Amori credere.

Cras amet qui numquam amauit quique amauit cras amet !

---

40 *uersum omisit T* ‖ uellet *V : * uellit *S*¶‖ te rogare *Saumaise :* ero-
gare *S V* ‖ 46 detinenda *Heinsius :* detinente *S* detinent et *T V* ‖ peruiglanda : — uiclanda *S* — uigila *T V* ‖ 50 praeses *Scaliger :* praesens *V*
presens *S T* ‖ dicet adsidebunt *J. Dousa filius :* dicit adsederunt
S T V ‖ 51 totos funde flores *T V :* totus fundet *S* ‖ annus *Pithou
necnon V in marg. :* annos *S* annis *T V* ‖ 52 sume uestem *Heinsius :*
superestem *S* rumperestem *V* — reste *T* subde messem *Scriuerius,
alii alia* ‖ Aetnae *V :* Ethne *T* et nec *S* ‖ 54 quaeque lucos *V :* quae locus
S que locos *T* ‖ fontes *Scriuerius :* montes *S T V (e. u.* 53 *fortasse
sumptum).*

. . . .

(Que le bois) étende sur les fleurs nouvelles ses ombres
verdoyantes !

. . . .

Demain est le jour où, pour la première fois, l'Ether a
60 célébré ses noces. Pour créer de ses nuées printanières
l'année tout entière, ce Père s'est épandu, en pluie
amoureuse, dans le sein de sa féconde épouse : uni à ce
grand corps, il devait produire tous les êtres. C'est Vénus
qui, de son souffle subtil, pénètre le sang et l'âme, pour
exercer sur la procréation sa puissance mystérieuse. A
65 travers les cieux, à travers les terres, à travers la mer,
souveraine, elle s'est frayé une route qu'elle ne cesse
d'imprégner de germes de vie et, sur son ordre, le monde
apprit à engendrer.

Aimez demain, vous qui n'avez jamais aimé ;
Vous qui avez aimé, aimez encor demain !

C'est Vénus qui changea en Latins ses descendants
70 Troyens ; c'est elle qui donna pour épouse, à son fils, la
jeune Laurentine et, plus tard, enleva pour Mars, une
vierge pudique au sanctuaire ; c'est elle qui conclut les
noces des Romains avec les Sabines : ainsi elle devait
créer les Ramnes et les Quirites et les héritiers de Romulus,
les Césars, père et neveu.

75   Aimez demain, vous qui n'avez jamais aimé ;
Vous qui avez aimé, aimez encor demain !

La volupté féconde les campagnes, les campagnes ressen-
tent l'action de Vénus. L'Amour lui-même, l'enfant de
Dioné, naquit, dit-on, à la campagne. Vénus le reçut sur

. . . .
Et recentibus uirentes ducat umbras floribus !

. . . .
Cras erit quo primus Aether copulauit nuptias.
Vt Pater to*tum* crearet uernis annum nubibus,   60
In sinum maritus imber fluxit almae coniugis,
Vnde foetus mixtus omnis aleret magno corpore.
Ipsa uenas atque mentem permeanti spiritu
Intus occultis gubernat procreatrix uiribus.
Perque caelum perque terras perque pontum subditum,   65
Peruium sui tenorem seminali tramite
Inbuit iussitque mundum nosse nascendi uias.

Cras amet qui numquam amauit quique amauit cras amet !

Ipsa Troianos nepotes in Latinos transtulit ;
Ipsa Laurentem puellam coniugem nato dedit ;   70
Moxque Marti de sacello dat pudicam uirginem ;
Romuleas ipsa fecit cum Sabinis nuptias,
Vnde Ramnes et Quirites proque prole posterum
Romuli, *p*atrem crearet et nepotem Caesarem.

Cras amet qui numquam amauit quique amauit cras amet! 75

Rura fecundat uoluptas, rura Venerem sentiunt ;
Ipse Amor, puer Dionae, rure natus dicitur.

---

58 *lacunam circum uersum ego indicaui, J. Trotzki opinionem secutus*
‖ recentibus *Scaliger* : rigentibus *S T V* ‖ uirentes *S V* : uergentes *T* ‖
ducat umbras *T V* : duo adumbra *S* ‖ 59 quo *S V* : qui *T* ‖ 60 totum
Saumaise : totis *S T V* ‖ 62 unde *S* : ut *T V* ‖ foetus *V* : floetus *S*
flet — *T* ‖ aleret *T V* : alteret *S* ‖ 63 permeanti *S* : — te *T V* ‖ 64 procreatrix *T V* : procreatis *S* ‖ 69 nepotes *S V* : nec potes *T* ‖ 72 ipsa *T V* :
ipsas *S* ‖ 73 Ramnes *Pithou* : rhamnes *V* rames *T* samnes *S* ‖ 74 patrem
Lipse : matrem *S T V*.

son sein quand les champs étaient en travail. Elle le nourrit des tendres baisers des fleurs.

80   Aimez demain, vous qui n'avez jamais aimé ;
      Vous qui avez aimé, aimez encor demain !

Voyez les taureaux étendre leurs flancs sous les genêts : chacun vit en paix, dans les liens d'un amour conjugal. Voyez, à l'ombre, les bêlantes brebis avec leurs béliers. C'est encore sur l'ordre de la déesse que les oiseaux se 85 gardent d'interrompre leur mélodie. Voici que la voix rauque des cygnes ne cesse de retentir sur les étangs. Un chant lui répond à l'ombre du peuplier : c'est l'épouse de Térée ; elle semble dire ses émois d'amour de sa voix harmonieuse ; on ne dirait pas qu'elle plaint une sœur, victime de son barbare époux.

Elle chante, moi, je me tais. Quand va-t-il venir, pour 90 moi, le printemps ? Quand ferai-je comme l'hirondelle et cesserai-je de me taire ? J'ai perdu ma Muse, à force de me taire et Phébus ne me regarde plus. Ainsi Amyclée, la taciturne, se perdit par son silence.

Aimez demain, vous qui n'avez jamais aimé ;
Vous qui avez aimé, aimez encor demain !

Hunc, ager cum parturiret, ipsa suscepit sinu ;
Ipsa florum delicatis educauit osculis.

Cras amet qui numquam amauit quique amauit cras amet! 80

Ecce iam su*b*ter genestas explica*nt* tau*r*i latus,
Quisque tutus quo tenetur coniugali foedere.
Subter umbras cum maritis ecce balantum gre*ges*.
Et canoras non tacere diua iussit alites.
Iam loquaces ore rauco stagna cygni perstrepunt.   85
Adsonat Terei puella subter umbram populi,
Vt putes motus amoris ore dici musico
Et neges queri sororem de marito barbaro.
   Illa cantat, nos tacemus. Quando uer uenit meum ?
Quando faciam ut*i* chelidon, ut tacere desinam ?   90
Perdidi Musam tacendo nec me Phœbus respicit.
Sic Amyclas, cum tacerent, perdidit silentium.

Cras amet qui numquam amauit quique amauit cras amet !

81 subter *Broukhusius :* super *S T V* ‖ explicant tauri *Scaliger :*
explicat aonii *S T V* ‖ 82 tutus S : tuus *T V* ‖ 83 greges *Pithou :* gregis *S*
gregum *T V* ‖ 86 adsonat Terei *S V :* adsonante aerei *T* ‖ puella *S :*
puellae *T V* ‖ 90 faciam *T V :* fiam *S* ‖ uti *Riuinus :* ut *S T V* ‖
91 Phoebus *V :* foebus *S T* ‖ 92 Amyclas : amiclas *S V* amidas *T*‖
tacerent *V :* taceret *S T* ‖ EXPLICIT PER VIRGILIVM VENERIS
T : omis. S V.

APPENDICE EXPLICATIF

1. Sur le caractère populaire du refrain, cf. p. xxviii.

2. **uer ...uer ...uere.** Cf. Virgile *G.* II, 323-24 :

« *Ver* adeo frondi nemorum, *uer* utile siluis
Vere tument terrae et genitalia semina poscunt. »

Le même mouvement rythmique se trouve dans Columelle,
R. R. X, 196-8 :

« ...*nunc* sunt genitalia tempora mundi,
Nunc amor ad coitus properat ; *nunc* spiritus orbis
Bacchatur Veneri... »

et dans Calpurnius Siculus *Ecl.* V, 19-22 :

« *Tunc* etenim melior uernanti gramine silua
Pullat, et aestiuas reparabilis inchoat umbras ;
Tunc florent siluae, uiridisque renascitur annus,
Tunc Venus et calidi scintillat feruor amoris. »

Cf. Bion, *fragm.* XV, 17 :

Εἴαρι πάντα κύει, πάντ' εἴαρος ἀδέα βλαστεῖ.

uer nouum. Cf. Ovide *M.* II, 27 :

« Verque *nouum* stabat cinctum florente corona. »

Sur la précision de l'adjectif, cf. p. xliv, note 1.

uer... canorum. Cf. Virgile *G.* II, 328 :

« Auia tum *resonant* auibus uirgulta *canoris.* »

Vere natus orbis est. Un sentiment analogue se trouve
déjà dans Virgile *G.* II, 336-9 :

« Non alios prima crescentis origine mundi
Inluxisse dies aliumue habuisse tenorem
Crediderim : uer illud erat, *uer magnus agebat
Orbis*, et hibernis parcebant flatibus Euri. »

La naissance du monde au printemps n'est pas seulement un
thème poétique, mais un dogme de la philosophie stoïcienne.
Cf. Philo Alex., *Quaest. et solut. in Exodum* (*in* v. Arnim,
St. Vet. Fr., II, 584) : « Tempus autem mundi conditi, si quis
opportuno examinis consilio utens inquirere uelit ueritatem,
uernum tempus est ; hoc enim tempore omnia universim
florescunt ac germinantur et suos terra perfectos generat
fructus. »

4. Comam resoluit de maritis imbribus. En mot à mot : « dénoue sa chevelure au contact de la pluie maritale ». La métaphore nuptiale, confirmée par l'expression *maritus* est claire : la forêt épand sa frondaison au contact de la pluie (masculin *imber* en latin), telle l'épouse, dénouant sa chevelure à l'approche de l'époux.
Pour la métaphore **coma**, cf. Horace *C.* I, 21, 5 : « nemorum coma » ; *ibid.* IV, 3, 11 : « spissae nemorum comae ».
Pour l'emploi de **de**, cf. p. xviii, 3⁰.

maritus employé comme adjectif est attesté dès le Iᵉʳ s., cf. Ovide *P.* III, 1, 73 : « maritum foedus ». Mais le sens « fécondant » est postclassique. — Il n'est toutefois pas impossible de considérer ce mot comme un substantif en apposition à *imbribus :* « au contact de son époux, la pluie ». La même explication vaudrait pour le vers 61. (Au vers 83 *maritis* ne peut être que substantif.)

5. amorum copulatrix. Cf. Ovide *F.* IV, 97-8 :
« Illa rudes animos hominum contraxit in unum
  Et docuit iungi cum pare quemque sua. »
copulatrix est un mot postclassique.

6. casas. La conjecture de Pithou au lieu de *gazas* se justifie par le vers 44 *myrteas inter casas.* — Huttes en branchages dressées par les fidèles, lors de certaines fêtes religieuses. Cf. Tibulle, II, 1, 23-24, parlant des *Sementiuae Feriae* en l'honneur de Bacchus et Cérès :
« Turbaque uernarum, saturi bona signa coloni,
  Ludet, et *ex uirgis* exstruet ante *casas.* »
Pour la construction de *de*, cf. p. xviii, 3⁰.

myrteo. Le myrte est la plante consacrée à Vénus, cf. Ovide, *supra* p. xxxiv, et Virgile *B.* VII, 61-2 :
« Populus Alcidae gratissima, uitis Iaccho,
  Formosae *myrtus Veneri...* »
Ovide explique l'origine du rite par le mythe suivant, *F.* IV, 139 sq :
« Vos quoque sub uiridi myrto iubet illa lauari :
  Causaque cur iubeat (discite) certa subest.
  Litore siccabat rorantes nuda capillos.
  Viderunt Satyri, turba proterua, deam.
  Sensit, et opposita texit sua corpora myrto.
  Tuta fuit facto : uosque referre iubet. »

7. Dione. Simple synonyme de Vénus, selon la tradition latine, cf. p. xlvii. Cf. encore Ovide *F.* II, 461 ; V, 309. Stace I, 288, etc.

fulta sublimi throno. En mot à mot : « appuyée sur son trône élevé. » Mais *fulta* suggère une attitude gracieuse ; *sublimi* évoque encore le sens figuré de « majestueux ». La même image plastique revient aux ver; 49-50. Pour *thronus* cf. p. xvi.

9. **tunc cruore de superno.** Allusion au mythe transmis par Hésiode, *Theog.* 126 sq. Suivant ce mythe primitif, Aphrodite est née du sang des parties mutilées d'Οὐρανός, à la suite de l'attentat commis par Κρόνος. Ce sang était tombé dans la mer; il s'éleva tout autour une écume blanche (ἀμφὶ δὲ λευκὸς ἀφρὸς ὥρνυτο). Selon la version ultérieure, Aphrodite naquit simplement de l'écume de la mer. Le poète a suivi Hésiode, tout en accordant un rôle important à l'écume marine. En mot à mot : « L'Océan a créé... Dioné... à partir du sang céleste dans un flocon d'écume ». Pour l'interprétation philosophique, cf. p. xlviii, sq.

10. **Caerulas inter cateruas.** Quels sont ces troupeaux azurés ? Plutôt qu'aux *Néréides* (cf. Sénèque, *Hipp.* 335 : « grex caeruleus Nereidum ») j'inclinerais au sens général *d'animaux* ou *monstres marins* (cf. Ausone, *Mos.* 141 : « caerula turba natantum ») qui s'adapte mieux au contexte. Le même parallélisme de l'expression se trouve dans Virgile *G.* IV, 388-9 :

« Caeruleus Proteus, magnum qui *piscibus* aequor
Et iuncto *bipedum* curru metitur *equorum*. »

inter et bipedes equos. L'anastrophe de *et* se rencontre souvent en poésie, cf. Virg., *Aen.* IX, 556. — Les chevaux marins sont bipèdes d'après leur définition même, cf. Serv., *ad Verg. G.* IV, 389 : « equi marini prima parte equi sunt, postrema resoluuntur in pisces ».

11. **undantem Dionen de marinis imbribus.** En mot à mot : « Dioné surgissant sur la vague des flots marins ». Mais *undantem* suggère une triple idée : 1º l'idée de bouillonnement; *undare* = ondoyer, cf. Enn., *in Nonn.* 223, 24 : « undantem salum » ; 2º l'idée de surgir : c'est Ἀφροδίτη Ἀναδυομένη, cf. Virg., *Aen.* XII, 673 : « ad caelum undabat uortex » ; 3º l'idée d'un balancement gracieux, cf. Apulée, *Met.* II, 7 : en parlant d'une jeune fille, « ipsa... decenter undabat ». Pour le sens causal de *de*, cf. p. xviii, 3º. — La correction *marinis* au lieu de *maritis* s'impose, malgré la remarque de Lipse : « *maritos* imbres adpellat spumam et cruorem, sane quam eleganter ». Car Vénus une fois formée du sang et de l'écume, il ne peut plus être question de *mariti* imbres : elle est portée sur les flots de la *mer*.
Imber s'emploie souvent en poésie pour désigner la mer, cf. Enn., *ap. Ser. ad. Verg. Aen.* XI, 229 : « ...ratibusque fremebat | Imber Neptuni ».

13. **Ipsa gemmis purpurantem pingit annum floridis.** Ce vers a été imité par Apulée, cf. p. xxvii. L'idée de

comparer le coloris des fleurs aux couleurs d'un peintre, remonte à Lucrèce V, 1395-96 :

« ....anni
Tempora *pingebant* uiridantis *floribus* herbas. »

Pour le double sens de *gemmis*, cf. p. xx. — La correction *floridis* à la place de *floribus (codd.)*, qui peut s'expliquer par l'apposition, est justifiée par le passage d'Apulée, *o. c.* §

14. **papillas.** Sur le jeu de mot, cf. p. xxi et p. lvii. Pour l'expression appliquée à des roses, cf. Riese, *Ant. Lat.*, nᵒ 84 : « ...papillatos ...corymbos ».

    de Fauoni spiritu. Pour la construction de *de*, cf. p. xviii, 3ᵒ. Le *Fauonius* est la brise printanière. Cf. Lucrèce I, 11 : « genitabilis aura Fauoni ». Cf. Catulle LXIV, 282 : « Aura parit flores tepidi fecunda Fauoni ».

15. **nodos tumentes.** Endroit très corrompu. La leçon de S, *notos penates*, retenue par quelques éditeurs, n'offre pas de sens satisfaisant. D'ailleurs le *a* de *penates* doit être considéré comme intrus parce que S est seul à l'attester nettement, et qu'il commet la même faute à propos de *micant* (17). La correction *nodos* (S présente d'autres exemples de confusion des dentales d/t, cf. v. 58), paléographiquement satisfaisante, est appuyée, entre autres exemples, par le vers de Florus : « *nodo* maiore *tumentes* ». Cf. encore Riese, *Ant. Lat.*, nᵒ 84 : « ...explicat altera *nodum* ». La restitution *tumentes* paraît plus arbitraire ; mais en présence d'une tradition inconsistante, elle a l'avantage de fournir un sens cohérent (bien meilleur que *tepentes*) et de reposer sur une analogie précise, cf. Florus, *supra*. Pour le sens propre de *tumentes*, cf. Ovide *F.* I, 152 : « Noua de grauido palmite gemma *tumet.* » Pour l'emploi métaphorique de ce mot, cf. p. lvii, note 2.

16. **umentis aquas.** Pour le redoublement de l'expression, cf. Sil. Ital. *P.* II, 469 : umentes rores noctis.

17. **Et micant lacrimae trementes de caduco pondere.** Pour la métaphore, cf. Ovide *M.* VI, 396-7 :

    « Fertilis immaduit madefactaque terra *caducas*
    Concepit *lacrimas* ac uenis perbibit imis. »

    Cf. *ibid.* XIV, 708 : « madidas *lacrimarum rore* ». Pour la construction de *de*, cf. p. xviii, 3ᵒ. L'ingéniosité exquise du tour apparaît mieux si l'on rapproche Calpurnius Siculus, V, 54-55 :

    « Frigida nocturno tinguntur pascua rore,
    Et matutinae lucent in gramine guttae. »

    Chez Calpurnius, simple description ; chez Florus, vue poétique : les vers 17 et 18 sont peut-être l'exemple le plus original de cette réussite dans le détail.

19. Pudorem. Cf. p. xxi et p. lvii.

florulentae... purpurae : (*florulentus*, mot postclassique, cf. p. xvii). La place de *purpurae* (en fin de vers) et le tour (inverse de l'expression attendue : *purpurei flores*) rendent avec plus de vivacité la couleur pourpre. Sur la prédilection des anciens pour la rose rouge, cf. p. lv.

20. Vmor ille, quem serenis astra rorant noctibus. Cf. Stace *T.* VI, 238 : « roscida astra ». L'observation est consignée dans Pline *N. H.* II, 152 : « *rores* neque gelu neque ardoribus neque uentis nec nisi *serena nocte* ». Fulgence, I (*ed. Munck*, p. 11) a imité tout ce passage :

« Vbi guttas *florulentae*
   Man; rorat purpurae
   Vmor algens, *quem serenis*
   Astra sudant *noctibus.* »

21. uirgineas papillas ...peplo. Pour le double sens de ces expressions, cf. p. xxi et p. lviii. Pour l'idée, cf. Riese, *Ant. Lat.*, nº 84 : « *...uirgineus* pudor exsinuatur *amictu* ». Cette dernière épigramme a d'ailleurs été attribuée par Riese à Florus (cf. p. lvi, note).

22. Iussit'mane ut udae uirgines nubant rosae. La correction des deux humanistes A. Statius et J. Dousa (cf. p. xii) est excellente à la fois du point de vue paléographique et pour le sens. — Pour le tour familier *iubere ut*, cf. p. xviii. — Pour le mariage de la rose, cf. p. lviii.

23. Cypridis de cruore. Le mot *prius* des ms. cache incontestablement un nom propre. *Cypridis* vaut *Paphies* au point de vue paléographique (haplographie des deux premières lettres due au mot subséquent ou précédent). Mais *Cypris* est le nom ordinaire dans le récit de la légende, cf. p. xlvii, note 3.

deque Amoris osculis. Cf. pour la légende, p. lv, note 3 : l'épigramme nº 85 de l'*Anthologie* où la rose passe pour être « un sourire de l'Amour ». Inversement, au vers 79, l'Amour est « nourri des baisers des fleurs ».

24. deque gemmis... purpuris. Cf. p. xx et p. lv.

deque solis purpuris. Il faut entendre : « la pourpre du soleil *levant*; cf. :

« ....aut hoc de pectine traxit
   Purpureis *Aurora* comis... »

(*De Rosa*, Riese, *Ant. Lat.*, nº 85), voir p. lv, note 3.
Ausone (?) a repris le motif dans sa jolie description, *Idyl.* XVI, 15-18 :

« Ambigeres raperetne rosis Aurora ruborem
   An daret, et flores tingeret orta dies.

Ros unus, color unús, et unum mane duorum :
Sideris et floris nam domina una Venus. »

25. Cf. p. LVIII.

26. **unico marita uoto.** Mot à mot : « épouse destinée à un
unique vœu d'amour ». Comprendre de préférence *unico... uoto*
comme un datif de but, et non comme un ablatif. *uoto*
(noto, *S*) est à peine une correction. *Votum* peut avoir le sens
matrimonial, cf. Apulée, *Flor*. IV : « togam quoque parari et
uoto et funeri ». Pour l'idée, Clementi rapproche avec raison
Horace, *C*. III, 14, 5 : « *unico* gaudens mulier *marito* ». Cf.
encore le fier accent de Cornélie, dans son message d'outre-
tombe à son mari, Properce, IV, 11, 36 : « In lapide hoc *uni
nupta* fuisse legar ». Les éditeurs qui ont adopté à la place de
uoto la leçon *nodo* (*T*, *V*) ont été conduits à corriger également
unico en *uuido* pour obtenir un sens satisfaisant : « uuido...
nodo... soluere » = « dégager... de son bouton humide ». Cette
leçon est à rejeter : *a*) elle est moins économe en corrections
que la première ; *b*) elle offre un sens moins intéressant ;
c) elle introduit un complément circonstantiel qui fait
double emploi avec « ueste ignea ».

non pudebit soluere. Pour la construction de *pudebit*, cf. p. XVIII. Pour le sens général, cf. p. LVIII.

28. **luco... ire myrteo.** Datif poétique à la place de *in lucum*.
Pour *myrteo*, cf. note du vers 6.

30. **Amorem feriatum.** Pour les détails de la description
et l'interprétation de l'Amour, cf. p. LIII, sq.

32. **nudus.** A un double sens : 1º « *sans armes* », il renforce l'idée
inermis dans la deuxième partie du vers, qui est une reprise
de la première (cf. p. XIX). Pour ce sens, cf. Ovide *A*. II, 9,
35 : « positis nudus tibi praebeor armis ». 2º « *nu* », il prépare
l'explication du vers 34 : « quod Cupido *pulcher* est » ; nu,
l'Amour exerce toute sa séduction.

34. **pulcher.** Il n'est pas exclu que *pulcher* ait gardé quelque
chose de son sens primitif : « puissant ». En l'espèce, cette
puissance se manifeste surtout par la séduction, la « beauté »
de l'Amour.

35. **totus est in armis idem quando nudus est Amor.**
Il n'y a pas lieu de modifier l'ordre des mots des ms. pour
écrire : « est in armis *totus* idem », sous prétexte d'éviter un
spondée au 3e pied, cf. p. XVI. La correction *in armis* » (inermis, *S*, *T*, *V*) est nécessaire et le sens est : « L'Amour est
entièrement le même Amour avec ses armes, quand il est nu ».
Car si l'on conservait le texte des ms. *inermis* (entraîné par

le vers 32) en donnant un sens concessif à ce dernier, on prêterait une tautologie au poète, *nudus* et *inermis* étant de sens analogue. Le *trait* du vers réside précisément dans l'opposition *in armis* et *nudus*.

37. **Conpari... pudore.** Le sens de cet ablatif de qualité est manifestement, « d'une pudeur égale à la tienne ». Les messagères de Vénus sont en effet des *uirgines* dignes de la *Virgo* Delia.

38. **uirgo Delia.** L'épithète, rappelant le lieu de naissance légendaire, est consacré dans la poésie latine, cf. Horace *O*. IV, 6, 33 ; Virgile, *Buc.* VII, 29, etc. — Diane, déesse de la chasteté, s'oppose par sa nature même à Vénus. A cette opposition classique se superpose une autre, plus originale : la déesse chasseresse est évincée par la déesse pacificatrice : « Regnet in siluis Dione ! Tu recede, Delia ! » (47). Cf. p. xxxviii-xxxix. Mais, à l'origine, Artémis est la souveraine des animaux : πότνια θηρῶν (*Iliade*, XXI, 470) ; à ce titre, elle est leur protectrice, ainsi elle s'irrite du crime commis par les aigles de Zeus sur une hase pleine (cf. Eschyle, *Agam.*, v. 105-159, en particulier v. 134-145). Plus tard, elle passe seulement pour une divinité de la chasse. — La tradition romaine a retenu essentiellement ce deuxième aspect ; elle l'a associé au culte de la souveraine des bois, favorisé chez les Romains par l'existence de la Diane d'Aricie, *dea Nemorensis*. Cette divinité du *nemus* d'Aricie prit sous sa souveraineté tous les *nemora*, cf. Verg., *Aen.* XI, 557 : « nemorum cultrix » ; Horace *C*. III, 22,1 : « nemorum custos ». Catulle XXXIV, 5 sq. :

> « O Latonia, maximi
> Magna progenies Iouis
> Quam mater prope *Deliam*
> Deposiuit oliuam
> *Montium domina* ut fores
> *Siluarum*que uirentium,
> *Saltuum*que reconditorum
> Amniumque sonantum. »

Ce double caractère de gardienne des bois, de chasseresse de fauves, est attesté par les inscriptions romaines, *C. I. L.* VIII, 9831 : « nemorum comes, uictrix ferarum ». Une autre inscription résume les trois aspects de Diane dans notre poème, *C. I. L.* VI, 124 : « umbrarum ac nemorum incolam, ferarum domitricem, Dianam deam uirginem ».

39. **ut nemus sit incruentum de ferinis stragibus.** Sur la construction de *de*, cf. p. xviii. — Il est intéressant de rapprocher de ce vers la défense rituelle d'accomplir des sacrifices sanglants au temple de Vénus à Paphos : « sanguinem arae obfundere *uetitum* ; precibus et igne puro altaria adolentur... »

(Tacite, *Hist.* II, 3, 5). On peut noter que dès l'*Hymne homérique à Aphrodite* (I, v. 68-74), la déesse, se substituant à
Artémis, revêt le personnage d'une πότνια θηρῶν pacificatrice.

43. **congreges inter cateruas**. *Congrex*, mot postclassique
(cf. p. xvii), cf. Apulée *M.* VII, 16 : « equinis armentis *con-
gregem* me pastor permisit ». *Caterua* s'emploie pour désigner
un groupe d'hommes aussi bien qu'un groupe d'animaux.
Cf. Lucrèce, II, 628 : « matrem comitumque cateruas ». —
Tibulle I, 6, 81 : « iuuenum ...cateruae ».

44. Pour tout ce vers, cf. p. xliii.

45. **poetarum deus**. Apollon, qui sera évoqué au vers 91. Il se
peut, comme le suggère Clementi, que le souvenir du vers de
Térence cité par Cicéron (*N. D.* II, 23, 60) : « sine Cerere et
Libero friget Venus » ait joué dans le choix des divinités
comparses. Mais il s'agit d'une évocation de divinités (cf.
p. liii), et non de métonymies de noms communs. Peut-être,
faut-il chercher dans une autre direction ; cette triade ne
trahit-elle pas l'origine africaine du poète ? Il est remarquable, en tout cas, que la Carthaginoise Didon offre un sacrifice à la *même triade* de divinités, en dehors de Junon, dont
le Deutéro-Servius souligne la qualité punique (D. Ser. *ad
loc. cit.*) :

> « ....mactant lectas de more bidentis
> *Legiferae Cereri Phoeboque patrique Lyaeo,*
> Iunoni ante omnis...................... »

(Virgile, *Aen.* IV, 58 ; le sujet désigne Didon et sa sœur.)

46. **Detinenda**. Cette correction donne le sens le plus satisfaisant. *Detinere* = passer (le temps). Cf. Ovide, *Pont.* IV,
10, 67 : « detinui, dicam, tempus curasque fefelli ». *Id.*, *Met.* I,
683 : « detinuit sermone diem ». — La lecture *te sinente* adoptée
par les érudits français du xviiie s. (De la Monnoye, Sanadon,
Bouhier) est ingénieuse du point de vue paléographique, mais
ne cadre pas avec le sens du contexte.

peruiglanda. Forme contracte pour *peruigilanda*. Trait
de langue familière, cf. p. xviii. — Pour l'expression,
cf. Ovide, *F.* VI, 326 : « nox peruigilata in mero ».

49. **Hyblaeis**. Il existait trois villes du nom de « Hybla » en
Sicile. (Cf. Pauly-Wissowa, *R. E. s. u.*). Elles sont mention-
nées par Etienne de Byzance, *s. u.* : "Υβλαι· τρεῖς πόλεις
Σικελίας, ἡ μείζων ἧς οἱ πολῖται 'Υβλαῖοι Μεγαρεῖς, ἡ μικρὰ
ἧς οἱ πολῖται 'Υβλαῖοι Γαλεῶται, ἡ δὲ ἐλάττων Ἡραία
καλεῖται.

1° ἡ μείζων = Megara Hyblaea, sur la côte est, entre Catane
et Syracuse. Ses monnaies, représentant, à l'avers, une tête

féminine, au revers, une abeille, prouvent qu'elle existait du temps de la république romaine. C'est l'Hybla célèbre par ses abeilles, cf. Virgile, *Buc.* I, 53 sq. :

« ....saepes
Hyblaeis apibus florem depasta salicti. »

Elle a sans doute succombé lors de la guerre des esclaves. En tout cas, *cette ville n'existait plus au temps de Pausanias.* Cf. Pausanias V, 23, 6 : ἡ μὲν (= ἡ μείζων) ἔρημος ἐς ἅπαν.

2° ἡ ἐλάττων = Hybla Heraea, était située au sud-est, entre Camarine et Heloron. *Sa situation géographique ne concorde pas avec les indications du poème.*

3° ἡ μικρά dite Ὕϐλα Γερεᾶτις par Pausanias (V, 23,6) : « ἡ δὲ κώμη τε Καταναίων ἡ Γερεᾶτις, καὶ ἱερόν σφισιν Ὑϐλαίας ἐστὶ θεοῦ, παρὰ Σικελιωτῶν ἔχον τιμάς. » Cette Hybla était *située sur la pente sud de l'Etna :* c'est aujourd'hui *Paterno* qui se trouve entre Catane et Centorbi. Cette *Hybla Gereatis* a toutes chances d'être la cité du poème. Elle existait encore à l'époque du poète ; elle répond à la situation géographique (cf. v. 52). On y a trouvé une inscription : VENERI VICTRICI HYBLENSI (Cf. *C. I. L.* X, 7013, qui la rapporte à tort à Hybla *maior* — erreur signalée *in* Pauly - Wissowa, *loc. c.*). Cette *Venus uictrix* est peut-être une *interpretatio* de la déesse Ὑϐλαία de Pausanias.

50. praeses. Cette correction (*praesens*, mss.) est confirmée par le contexte. C'est une séance solennelle *présidée* par Vénus qui énoncera ses lois.

Gratiae. Les Grâces forment la cour de Vénus ; elles se distinguent de l'assemblée des Nymphes. Mais Grâces et Nymphes constituent l'entourage de Vénus. Cf. Horace, *C.* I, 4, sq. :

« Iam Cytherea choros ducit Venus imminente luna,
Iunctaeque Nymphis Gratiae decentes
Alterno terram quatiunt pede................. »

52. Aetnae campus. Il s'agit de la plaine au pied de l'Etna. Cf. Cicéron, *Verr.* II, 3, 18 (*cité par* Clementi) : « Aetnensis uero ager qui solebat esse cultissimus ».

53. uel. N'a guère le sens disjonctif, équivaut à *et.* Cet emploi existe à l'époque classique, cf. Cicéron, *Rep.* I, 3, 4 : « in mediocribus uel studiis uel officiis uel uero etiam negotiis » etc.

55. Pueri Mater alitis. Cf Horace, *C.* III, 12, 4 : « Cytherae puer ales ». Sur cette désignation de l'Amour, cf. p. LIV, note 2.

56. ...nil Amori credere. Sur *nil*, cf. p. XVIII.

58. Et recentibus uirentes ducat umbras floribus. A

propos de la lacune supposée autour de ce vers, cf. p. XLII. —
Les éditeurs ont essayé, à mainte reprise d'insérer ce vers dans
le corps du poème : ainsi Maehly le place après le vers 4 (en
lisant *ducit* à la place de *ducat*) ; Gladys Martin, après le
vers 7 (en lisant également *ducit* et en donnant le sens de
casas à *umbras*, d'après Festus, *ed. Lindsay*, p. 519) ; Riese,
après le vers 52 (en lisant *ut* à la place de *et*). Plusieurs, en
dernier lieu Clementi, le transposent après le vers 39. Toutes
ces tentatives prouvent beaucoup d'ingéniosité et appellent
autant d'objections. La dernière, en particulier, qui a l'avantage de ne pas modifier le vers, ne cadre pas avec le contexte.
En quoi le départ de Diane, nécessaire pour arrêter le carnage des bêtes, s'impose-t-il pour permettre au bois d'étendre
son ombre sur les nouvelles fleurs ? — Il est peut-être plus
sage d'avouer notre embarras. — Sur l'expression du vers,
cf. Valer. Flac., *Argon.* III, 708 (à propos d'une *hasta*) :
  « Quae neque iam frondes, *uirides* nec proferet *umbras*. »

59. Sur l'inspiration de ces vers, cf. le passage de Virgile cité
    p. XLV. Sur leur sens, cf. p. XLI.

    cras erit quo. *Quo*, ablatif de temps (*erit dies quo*) ne
    doit pas être changé en *quom* (admis par Clementi).

60. **totum**. Cette correction (*totis*, mss.) assure un heureux grou-
    pement des mots : « *totum*... uernis *annum* nubibus ». Le sens
    en est plus intéressant, d'ailleurs *totum annum* annonce
    l'expression *foetus omnis* (v. 62).

61. **maritus imber**. Cf. note v. 4.

63. **uenas atque mentem**. Vénus a prise aussi bien sur l'élé-
    ment physique (uenas) que sur l'élément mental (mentem).
    Pour *uenas*, cf. Virgile, *Aen.* IV, 2 : (sujet : *regina*) « Vulnus
    alit uenis ».

    permeanti spiritu. Traduction de l'expression stoïcienne
    διήκοντι πνεύματι, cf. p. XVII. L'image d'un *souffle* émanant
    de Vénus existe sous une autre forme, chez Tibulle II, 4, 57 :
      « ...ubi indomitis gregibus Venus *adflat* amores. »
    Sur l'interprétation philosophique de cette strophe, cf.
    p. XLVIII.

65. Le vers reprend l'énumération tripartite d'Ovide, *F.* IV, 93 :
    « Iuraque dat caelo, terrae, natalibus undis. »

    subditum (accord par voisinage) détermine les trois termes
    pour le sens.

66. **peruium sui tenorem**. Sur le sens actif de *peruium*, cf.
    p. XVII; toute l'expression traduit ὁ διήκων πνευματικὸς τόνος
    cf. *ibid.* : *tenor* suggère une idée de dynamisme et de conti-
    nuité : « élan continu », « mouvement soutenu ». Toute l'expres-
    sion signifie : « son élan continu qui se fraye une route », « l'élan
    continu de sa route ».

67. inbuit. *Inbuere* contient deux idées = imprégner, pour la première fois, cf. Virgile, *Aen.* VII, 541 :

« ....dea ....ubi sanguine bellum
Imbuit............................. »

69-74. Pour l'interprétation d'ensemble de la strophe, cf. p. xxiv. Le poète a esquissé une miniature historique dans les limites temporelles fixées par un distique d'Ovide, *F.* IV, 123-4 (le sujet est Vénus) :

« Assaracique nurus dicta est, ut scilicet olim
Magnus Iulaeos Caesar haberet auos. »

(*Assaracus* n'était pas à vrai dire le beau-père de Vénus ; c'était Capys, père d'Anchise. La généalogie des rois troyens est la suivante : Tros — Assaracus — Capys — Anchise. Ce dernier épouse Vénus ; de cette union devait naître Enée. La légère erreur d'Ovide ne change rien pour la vue d'ensemble.) L'ordre des vers de cette strophe est parfaitement logique. Les « amendements » tentés par certains éditeurs ont confirmé cette logique de l'ordonnance par la méthode de l'absurde ! Ainsi Baehrens a proposé le groupement suivant :

70. « Ipsa Laurentem puellam coniugem nato dedit,
73. Vnde Ramnes et Quirites proque prole posterum
74. Romuli matrem crearet et nepotem Caesarem ;
71. Moxque Marti de sacello dat pudicam uirginem :
72. Romuleas ipsa fecit cum Sabinis nuptias ».

Voici le sens étrange qui résulte de cette recomposition : « Vénus a donné la jeune Lavinia à Enée ; de là devaient naître les Ramnes et les Quirites, ainsi que Rhea Silvia (= Romuli matrem) et son petit-fils César. Puis elle donne à Mars la vierge Rhea Silvia (= pudicam uirginem) ; elle organise les noces des Romains avec les Sabines. » — En quoi les deux tribus des Ramnes et des Quirites doivent-elles leur origine directe au mariage d'Enée et de Lavinia? Le poète les avait nommées à leur place naturelle : à la suite de la fusion des Romains avec les Sabins. — Quelle lourde répétition ne prête-t-on pas au poète en lui faisant nommer deux fois Rhea Silvia ! — Enfin, à quelle incohérence chronologique n'aboutit-on pas, en faisant précéder l'union de Mars et de Rhea Silvia, l'union des Romains et des Sabines, par le nom de César ! — Voilà en définitive un désordre inacceptable, au prix de l'ordre réel de la strophe.

69. transtulit = mutauit. Il s'agit d'une véritable mutation, d'un passage de l'état de Troyens à l'état de Latins.

70. Laurentem puellam = Lauinia, fille du roi Latinus et de la reine Amata. — *Laurentem* adjectif ethnique, cf. Verg., *Aen.* VII, 342-3 (parlant de Latinus) :

« ....*Laurentis* tecta *tyranni*
Celsa petit Allecto.................... »

Il n'y a pas eu une ville de Laurente, en dehors de Lavinium, mais un peuple de *Laurentes* gouvernés par le roi Latinus, cf. J. Carcopino, *Virgile et les origines d'Ostie*, p. 279 sq. — Pour donner à l'intervention de Vénus toute sa valeur, il faut se rappeler les obstacles accumulés contre ce mariage : la parole donnée à Turnus prétendant à la main de Lavinia, la fureur d'Amata, la violente opposition de Junon. Cf. Verg., *Aen.* VII, *passim.*

nato. A son fils = Enée.

71. **de sacello.** Pour la construction, cf. p. xvii, 2°. — Il s'agit de *l'aedes Vestae,* petit temple rond où était entretenu le feu sacré par les Vestales.

pudicam uirginem. La vestale Rhea Silvia (ou Ilia, en poésie : Ovide, *F.* IV, 55) qui devait mettre au monde les jumeaux, Remus et Romulus.

dat. C'est un *don* dans le sens fort du terme, Vénus pouvant revendiquer des droits sur Mars, cf. Stace, *Sil.* 1, 2, 190, sq. :
« Quis septemgeminae posuisset moenia Romae
Imperii Latiale caput, nisi Dardana furto
Cepisset Martem, *nec me prohibente,* sacerdos ? ».

72. **Romuleas.** Pour la scansion, cf. p. xvi : rapprocher *ope Daedalēa* (Horace, *O.* IV, 2, 2 : *cité par* Clementi) par opposition à la scansion habituelle : *Daedalĕum... iter* (Properce II, 14, 8, *cité ibid.*)
Romuleas... cum Sabinis nuptias : « Les noces des compagnons de Romulus avec les Sabines. » Ces deux noms correspondent respectivement aux *Ramnes* et aux *Quirites* du vers suivant. Ces deux tribus représentent en effet, la première, l'élément romain, la seconde, l'élément sabin : cf. Tite-Live, I, 13, 8 : « Ramnenses ab Romulo, ab T. Tatio Titienses appellati. » (Pour l'équivalence Titienses = Quirites, cf. *infra*). — Le terme de *nuptias* répond exactement au récit de la légende : après le rapt, Romulus console les Sabines par la promesse du mariage, cf. Tite-Live, I, 9, 13 : « Sed ipse Romulus circumibat docebatque... illas tamen in *matrimonio*... fore. »

73. **Ramnes et Quirites.** Le poète ne mentionne que les deux tribus. En fait, la tradition rapporte une troisième tribu : les *Luceres,* citée à côté des deux autres par Tite-Live, I, 13, 8. Cette tripartition est nettement indiquée par Properce, IV, 1, 31 : « Hinc Tities Ramnesque uiri Luceresque coloni ». La préférence du poète pour la *bipartition* s'explique : 1° Les *Luceres* échappent au *lien matrimonial* sanctionné par Vénus ; même Properce marque la différence des *Tities* vis-à-vis des *coloni Luceres* ; 2° La tradition romaine a toujours plus

insisté sur la fusion des Romains et des Sabins ; ainsi Ovide (*Met.* XIV, 805) ne parle, lui aussi, que des deux peuples :

« Occiderat Tatius, *populis*que aequata *duobus*,
 Romule, iura dabas....................... »

Cf. Seruius *ad Verg. Aen.* VII, 710 : « Post foedus Tatii et Romuli placuit ut quasi *unus* de *duobus* fieret *populus*. Vnde et Romani Quirites dicti sunt, quod nomen Sabinorum fuerat a ciuitate Curibus, et Sabini a Romulo Romani dicti sunt. » Cf. encore le titre officiel : *populus Romanus Quirites* (Cf. A. Gell. *N. A.* I, 12, 14 ; Macrobe, *S.* I, 4, 7) ou *populus Romanus Quiritesque* (T. L., VIII, 6, 13) qui atteste la dualité primitive des Romains et des Sabins.

Quirites est ici le nom des Sabins : il provient, soi-disant, de leur ville de *Cures*. Cf. Seruius, *l. l.* ; Ovide, *M.* XIV, 778 : « Sati Curibus ». Ailleurs, on les nomme encore *Tities* du nom de leur roi Titus Tatius. Cf. Tite-Live, I, 13, 8.

73-74. proque prole posterum Romuli... « (elle devait créer)... en qualité de race héritière de Romulus, les Césars, père et neveu ». Ces vers présentent des difficultés dans l'interprétation du détail, mais le sens général est clair : Vénus devait présider à la *formation* du peuple Romain par l'union des Romuléens et des Sabins et au *gouvernement* de ce peuple, qui, Romulus étant mort sans postérité, revient de droit, « *pro*que prole posterum », à l'autre branche des Enéades, dont César se piquait d'être le descendant.

pro. = « en qualité de, à titre de ». La ponctuation adoptée dans le texte (virgule après *Romuli*) répond à l'adoption de ce sens ; il importe de *rattacher* la dynastie impériale au nom de Romulus, pour fonder à la fois son *autorité* légitime et sa *généalogie* divine. Le sens de la préposition « en faveur de » conviendrait, si le complément de *posterum*, au lieu d'être *Romuli*, devait être tiré des tribus précédentes : « en faveur de la race des descendants des *Ramnes* et des *Quirites* ». Ce n'est pas le cas.

posterum. Cf. *posterum gloria* (Tacite, *An.* III, 72).

74. Romuli. Ce mot n'est pas le seul rejet du texte, cf. *inbuit* (v. 67). Il souligne le parallèle : « quant à *Romulus*, ses héritiers légitimes sont les Césars », par opposition aux *compagnons de Romulus*, les Romulei qui, unis aux Sabins, ont formé les Ramnes et les Quirites.

patrem est une correction (*matrem* mss.). L'erreur s'explique aisément : le copiste habitué à voir le sens de la phrase finir avec le vers, a méconnu le rejet *Romuli* ; il a relié *Romuli patrem* et s'est empressé de corriger cette « faute » en écrivant « Romuli *matrem* », Rhea Silvia, dont la pensée lui était suggérée par le passage précédent. — Cette explication nous était venue à l'esprit quand nous l'avons rencontrée à peu près dans les mêmes termes dans une note de Clementi.

patrem... et nepotem Caesarem. Jules César et Auguste. Jules César est le *père* de la dynastie impériale. Auguste est le neveu (exactement le petit-neveu, puisque C. Octauius était le petit fils de Iulia, sœur de Jules César) et l'héritier légitime de César, après l'adoption. Il importait de nommer les deux personnages. C'est *Jules César*, le véritable descendant de Vénus, *Venere prognatus ;* Auguste ne bénéficie de ce titre que par sa qualité de *nepos.* Inversement, *Auguste* est le fondateur véritable de l'empire, le créateur de la dynastie impériale. — Pour l'expression *patrem* (= Jules César) ...*Caesarem* (= Auguste), cf. Ovide, F. III, 709-10 :

> « Hoc opus, haec pietas, haec prima elementa fuerunt
> Caesaris, ulcisci iusta per arma *patrem.* »

76. **uoluptas.** L'attribut principal de Vénus, 'cf. Lucrèce I, 1 :

> « Aeneadum genetrix, hominum diuumque *uoluptas*
> Alma Venus. . . . . »

En général la *uoluptas* de Vénus touche les êtres animés, cf. Ovide, *F.*, IV, 99 : « Quid genus omne creat uolucrum, nisi blanda *uoluptas* ? »
Ici, elle s'exerce même sur les champs.

77. **Ipse Amor... rure natus dicitur.** Cf. p. LIV et notes 1 et 2.

78. **ager cum parturiret.** La ponctuation doit évidemment isoler ce groupe de mots en détachant *hunc* en tête du vers. Pour l'expression absolue *parturire*, cf. Virgile *G.* II, 330 :

> « *Parturit* almus *ager*, Zephyrique tepentibus auris
> Laxant arua sinus. . . . . »

suscepit sinu. Geste de tendresse maternelle, cf. Stace, *Sil.* II, 7, 36 sq. :

> « Natum protinus atque humum per ipsam
> Primo murmure dulce uagientem
> Blando Calliope *sinu recepit.* »

Cf. *Ibid.* I, 2, 109 sq :

> « . . . . .tellure cadentem
> Excepi fouique *sinu...* »

79. **florum delicatis educauit osculis.** *Educare* = nourrir, cf. Catulle, LXII, 39 sq :

> « Vt flos in saeptis secretus nascitur hortis
>
> . . . .
> Quem mulcent aurae, firmat sol, *educat* imber. »

La suggestion, un tantinet précieuse, ne laisse pas d'être exquise. Cf. Pind. *Ol.* VI, 55 sq. Voir en sens inverse : vers 23. En somme, entre l'Amour et les fleurs, il y a « échange de bons procédés ».

81. **subter genestas.** La correction *subter* (*super* ms.) a été proposée par Broukhusius avec des arguments décisifs. Il cite d'abord Calpurnius Siculus (Ier s. après J.-C.), *Ecl.* I, 5 :

> « Cernis ut, *ecce*, pater quas tradidit, Ornite, uaccae
> Molle *sub* hirsuta *latus explicuere genista* ? »

Puis il confirme, par des citations, que les genêts étaient pour les Latins des arbrisseaux à peu près de la taille des saules, capables de donner de l'ombre, cf. Virgile *G.* II, 434 :

> « ......salices, humilesque *genestae*
> Aut illae pecori frondem, aut pastoribus *umbras*
> Sufficiunt........................ »

Cf. l'énumération (Virgile, *ibid*, II, 9, sq.) :

> « .... *Arboribus* uaria est natura creandis.
> ....
> ....
> .... ut molle siler lentaeque *genestae*
> Populus et glauca canentia fronde salicta. »

82. **tutus quo tenetur coniugali foedere.** Le pacte conjugal est à la fois un lien *(tenetur)* est une sécurité *(tutus)* contre les entreprises des rivaux.

83. **maritis.** Pour cet emploi du mot appliqué à des animaux, cf. Horace, *O.* I, 17, 7 : « olentis uxores *mariti* » (en parlant du bouc). — Pour toutes ces images matrimoniales, cf. p. LI.

balantum greges. Expression virgilienne, cf. Verg. *G.* I, 272 : « Balantumque gregem fluuio mersare salubri ». Cf. *Idem.*, *Aen.* VII, 538 : « Quinque greges illi balantum ».

84. **canoras... alites.** Reprise de l'idée *uer ...canorum* (v. 2). La disjonction soutient cette jolie courbe musicale : « un chant s'élève... il se précise, c'est un chant d'oiseau ». — Pour l'expression, cf. Horace, *O.* II, 20, 15-16 : « canorus ales ».

85. **loquaces ore rauco stagna cycni perstrepunt.** Cf. Virgile *Aen.* XI, 458 : « Dant sonitum *rauci* per *stagna loquacia cycni* ».
L'adjectif *raucus* n'exclut pas les cygnes de la catégorie des oiseaux *mélodieux*. La preuve en est donnée par Virgile lui-même. Verg. *Aen.* VII, 699, sq :

> « Ceu quondam niuei liquida inter nubila *cycni*,
> Cum sese e pastu referunt et longa *canoros*
> Dant per colla *modos.* »

Son commentateur explique ce trait par un souvenir de sa province natale, cf. Seruius *ad l. c.* : « Vergilium secundum morem prouinciae locutum in qua *bene canentes cycni rauciores* uocantur ».

86-88. Allusion à la fable célèbre des filles du roi Pandion, cf.

Ovide *M.*, VI, 421, sq. : Le roi de l'Attique, Pandion, avait deux filles Procné et Philomèle. La première épousa le roi de Thrace, Térée, dont elle eut un fils, Itys. Mais Térée viola sa belle-sœur Philomèle et, pour l'empêcher de révéler le forfait, il lui coupa la langue et la fit enfermer. Philomèle réussit toutefois à avertir sa sœur. Procné résolut de venger l'outrage commis envers celle-ci. Elle tua son fils et le servit à son mari au cours d'un repas. Puis elle s'enfuit avec sa sœur pour échapper à la poursuite de Térée. Les trois héros du drame furent métamorphosés en oiseaux. Térée devint une huppe. Pour les deux sœurs, la tradition comporte des flottements : dans la plupart des récits grecs, Procné fut changée en rossignol, Philomèle en hirondelle ; dans les adaptations romaines, la métamorphose s'opère souvent dans l'ordre inverse.

Ici, le poète n'a pas désigné les deux sœurs par leurs noms, mais, au lieu du récit ovidien, il semble suivre la tradition virgilienne qui fait de Philomèle, l'épouse de Térée, cf. Verg. *B.* VI, 78 sq. :

> « Quid loquar...............................
> Aut ut mutatos Terei narrauerit artus,
> Quas illi Philomela dapes, quae dona pararit,
> Quo cursu deserta petiuerit............ »

Terei puella = épouse de Térée, serait donc ici Philomèle. (Sur ce sens de *puella*, cf. Properce, IV, 3, 72 : « Subscribam : saluo grata puella uiro ».) Elle est métamorphosée en rossignol ; c'est encore conforme à la tradition virgilienne qui transparaît, cette fois-ci, jusque dans l'expression, cf. Verg. *G.* IV, 511-515 :

> « Qualis *populea* maerens Philomela *sub umbra*
> Amissos *queritur* fetus, quos durus arator
> Obseruans nido implumis detraxit ; at illa
> Flet noctem, ramoque sedens miserabile carmen
> Integrat et maestis late loca *questibus* implet. »

sororem. Complément d'objet de *queri*. C'est la victime de Térée : ici Procné (chez Ovide, Philomèle) qui fut changée en hirondelle.

de marito barbaro. Sur la construction de *de*, cf. p. XVIII, 3°.

barbarus. Fait allusion au viol et à la mutilation commis par Térée sur sa belle-sœur. Cf. l'imprécation lancée contre Térée par sa victime dans Ovide, *M.* VI, 533 : « ..... O diris *barbare* factis ! »

89-92. Sur le changement de ton, cf. p. XXI. — Sur la signification de cet épilogue, cf. p. XXXI-XXXIII. — Sur son originalité, cf. p. XLIII et note 2.

90. **quando faciam uti chelidon.** *Faciam uti* (T, V) est un tour plus naturel que *fiam uti* (S).
chelidon est une allusion discrète à la fable précédente. La victime de Térée avait eu la langue coupée. Métamorphosée en *hirondelle*, elle *recouvre la voix*. Le poète connaîtra-t-il pareille métamorphose, cessera-t-il de se taire ? — Sur l'expression *chelidon*, cf. p. XVI.

91. **nec me Phoebus respicit.** Pour la spondée cinquième *nec me*, cf. métrique, p. XVI. Pour l'expression : cf. Calpurnius Siculus, *Ecl.* IV, 87 :
> « Me quoque facundo comitatus Apolline Caesar
> *Respiciat.* »

92. **Sic Amyclas, cum tacerent, perdidit silentium.**
Proverbe latin noté par Erasme dans ses *Adagia* (cf. p. XI) : *Amyclas perdidit silentium.* Ἀμύκλαι était une ville du Péloponnèse située dans la vallée moyenne de l'Eurotas ; il existait encore *Amyclae* ou *Amunclae*, ville du Latium, voisine de Terracine. On ne sait à laquelle des deux villes se rapporte primitivement la légende du silence. Voici l'explication d'après Seruius, *ad Verg. Aen.* X, 564 : De faux bruits avaient annoncé, plus d'une fois, la venue de l'ennemi à Amyclae. Une loi avait été portée pour interdire ce genre de nouvelles. Par la suite, l'ennemi envahit la ville pour de bon, car personne n'avait osé enfreindre la loi du silence. — Le proverbe est cité par Virgile, *Aen.* X, 564 :
> « . . . . ditissimus agri
> Qui fuit Ausonidum et *tacitis* regnauit *Amyclis.* »

et par Silius Italicus VIII, 528 : « quasque *euertere silentia Amyclae* ». La forme du proverbe la plus proche de notre texte se trouverait dans Lucilius, d'après le témoignage de Seruius *l. c. :* « Mihi necesse est loqui : *nam scio Amyclas tacendo periisse.* » Peut-être s'agit-il d'une confusion avec un passage d'Afranius, v. 274-5 (in *Comic. Rom. Fragm.* O. Ribbeck II, p. 236, *cité par* Clementi) :
> « Deliberatum est non tacere me amplius :
> *Amunculas tacendo periisse audio.* »

Il n'y a pas à se choquer de la présence d'un proverbe au terme d'une pièce lyrique. C'est encore un trait de langage familier (cf. p. XVIII) qui convient à la confidence personnelle. Mais la note finale est donnée par le refrain.

TABLE DES MATIÈRES

Pages

Avant-propos V

Introduction VII

  I. — Histoire du Texte........................... IX

  II. — Etude littéraire........................... XV
    A) La métrique, la langue, le style (p. XV.)
    B) Qui est l'auteur ? L'Africain Florus, selon
       toutes les vraisemblances (p. XXII).

  III. — La Veillée de Vénus....................... XXXIII
    A) Que savons-nous des *peruigilia* à Rome ?
       Quel est leur rapport avec le poème ?
                              (p. XXXIII).
    B) Le plan du poème : sa justification (p. XXXIX).

  IV. — Les thèmes et les motifs................... XLIV
    A) Le printemps (p. XLIV). Vénus (p. XLVI).
    B) L'Amour (p. LIII). La rose (p. LIV).

  V. — Description des manuscrits.................. LX
    Tableau des sigles............................. LXIV

Texte et Traduction 1

Appendice explicatif............................... 13

Ce volume,
de la Collection des Universités de France,
publié aux Éditions Les Belles Lettres,
a été achevé d'imprimer
en janvier 2003
sur presse rotative numérique
de Jouve
11, bd de Sébastopol, 75001 Paris

N° d'édition : 4934
Dépôt légal : janvier 2003

Imprimé en France